ネクスト・ソサエティ

歴史が見たことのない
未来がはじまる

P・F・ドラッカー 著
上田惇生 訳

MANAGING IN THE NEXT SOCIETY

PETER F. DRUCKER
TRANSLATED BY ATSUO UEDA

ダイヤモンド社

MANAGING IN THE NEXT SOCIETY

by

Peter F. Drucker

This edition published by arrangement directly with the author
through Tuttle-Mori Agency, Inc., Tokyo

日本の読者へ

日本では誰もが経済の話をする。だが、日本にとっての最大の問題は社会のほうである。この四〇年あるいは五〇年に及ぶ経済の成功をもたらしたものは、社会的な制度、政策、慣行だった。その典型が系列であり、終身雇用、輸出戦略、官民協調だった。

多くの人たち、特に海外では、それらの制度、政策、慣行を日本の古い伝統だとする。しかし、私が初めて日本を訪れた一九五〇年代には、まだそれらのものは生まれていなかった。いずれも思い切ったイノベーションだった。そのすべてが、その種のものの平均耐用年数をはるかに越えて有効に機能した。

同じころ、フランスでも日本に似た社会的イノベーションが行なわれた。それはドゴール政権の柱となった。有効に機能したが一〇年しかもたなかった。早くも一九六五年には時代に合わなくなり、捨てなければならなくなった。

これに対し日本の社会的な制度、政策、慣行は、一九九〇年ごろまで有効に機能した。だが、もはや満足に機能しているものは一つもない。いままさに、再び新たな制度、政策、慣行が求められている。

イノベーションという言葉をよく耳にする。ほとんどの人にとって、それは技術的な革新のことである。ところが今日もっとも求められているイノベーション、特に日本において求められているものは社会的な革新である。その典型の一つが、いかにして雇用と所得を確保しつつ、同時に、転換期に不可欠の労働力市場の流動性を確保するかという問題である。

さらには、製造業における雇用の安定に社会の基盤を置いてきた国として、富と雇用の源泉としての製造業の地位の変化という世界的な流れに、いかに対処するかという問題である。日本では、いまなお労働力人口の四分の一が製造業で働いている。この国が競争力を維持していくためには、二〇一〇年までにこれが八分の一ないしは一〇分の一になっていなければならない。すでにアメリカでは、一九六〇年に三五%だったものが二〇〇〇年には一四%になっている。しかもアメリカは、この四〇年の間に、生産量のほうは三倍に伸ばしているのである。

日本はまた、これまでの教育システムを、いま新たに生まれつつある雇用機会、新技術、新市場にいかに適合させていくかという難題にも直面している。

そして何よりも知識労働者、特に知識テクノロジストという新しい労働力をいかに生産的なものにするかという挑戦がある。おそらく今日、高等教育を受けた人の割合が世界でもっとも多い国が日本である。日本にとっての問題は、いかにして彼ら高等教育を受けた人たちを生産的な存在にするかである。

今日あらゆる先進国が似た問題をかかえている。台湾などの新興国、新興地域についても同様である。それぞれが、それぞれの答え、それぞれの方策、それぞれの解決策を見出さなければならない。

本書は、いかなる国のリーダー、組織の幹部、政治家、公僕、学者、メディアに対しても、何を行なうべきかを言おうとするものではない。それらの方々が、何が問題であり、何が脅威であり、何がチャンスであるかを知るうえでお役に立とうとするものである。同じように、若い方々、キャリアの第一歩を踏み出したばかりの方々といま勉強中の方々が、これから生き、働き、活躍し、貢献していくことになる社会を理解するうえで助けになろうとするものである。

本書が前提とするものは、ただ一つである。ネクスト・ソサエティに備える国だけが、来るべき日々において立派な社会と経済を手にするということである。

ピーター・F・ドラッカー

二〇〇二年三月
カリフォルニア州クレアモントにて

はじめに

私自身一度だけ、経済が変わり、新しい経済が生まれたと思ったときがあった。一九二九年に、アメリカの証券会社のヨーロッパ本部で新米社員として働いていたときだった。

直接の上司だった主任エコノミストは、ウォールストリートの好況は永久に続くと信じて疑わなかった。『投資』と題する立派な本を書き、アメリカ企業への株式投資が絶対確実な利殖の道であると断言した。最若年の私は、この主任エコノミストの助手に取り立てられ、その本の校正と索引づくりを任された。

本が発行された翌々日、ニューヨークの株式市場が崩壊し、数日後には書店から本が姿を消した。私の職も失われた。

それから七〇年近くたった一九九〇年代の半ば、ニューエコノミーの到来が論じられ、株式市場の活況は永久に続くものとされた。どこかで見た景色だった。もちろん、表現は違っていた。あのころ言われていたのは、恒久平和ならぬ恒久繁栄だった。だが、論理、論法、予測は同じだった。

ニューエコノミーが論じられはじめた九〇年代の半ば、私は、急激に変化しつつあるのは、経済ではなく社会のほうであることに気づいた。

ＩＴ革命はその要因の一つにすぎなかった。人口構造の変化、特に出生率の低下とそれにともなう若年人口の減少が大きな要因だった。ＩＴ革命は、一世紀を越えて続いてきた流れの一つの頂点にすぎなかったが、若年人口の減少は、それまでの長い流れの逆転であり、前例のないものだった。

逆転は他にもあった。富と雇用の生み手としての製造業の地位の変化だった。製造業は、政治的には力を増大させるかもしれない。だが、もはや唯一の主役ではない。さらにもう一つ前例のないこととして労働力の多様化があった。

これらの変化が本書の主題である。すでに起こったことである。次の社会――ネクスト・ソサエティはすでに到来した。もとには戻らない。

本書には企業経営に関わる章もあれば、そうでない章もある。しかし、一九八〇年代、九〇年代のベストセラーに見られた万能薬の類は一切論じていない。それでも、本書は事業と組織のマネジメントのためのものであり、働く人たち一人ひとりのためのものである。なぜなら、ネクスト・ソサエティをもたらす社会の変化が、働く人たちの役割を規定していくからである。それらの変化こそ、あらゆる組織、大企業、中小企業、大小のＮＰＯ、政府機関、アメリカ、ヨーロッパ、アジアのあらゆる組織にとって、最大の脅威であり、同時に最大の好機だからである。

本書が言わんとすることは、一つひとつの組織、一人ひとりの成功と失敗にとって、経済よりも社会の変化のほうが重大な意味をもつにいたったということである。

一九五〇年から九〇年代までは、社会は与件として扱ってよかった。大きく変化していたのは経済と技術のほうだった。社会は安定していた。もちろん、これからも経済と技術は変化していく。事実、本書の冒頭、第I部の「迫り来るネクスト・ソサエティ」では、今後数多くの新技術が生まれ、しかもその多くがITと関係のないものにまで拡がるであろうことを論じている。しかし、それら経済と技術の変化を好機とするためにも、次の社会たるネクスト・ソサエティの様相を理解し、自らの戦略の基盤とすることが不可欠である。

そのような意味において、読者の各位、企業、NPO、政府機関の方々のお役に立つことが本書の目的である。

本書掲載の全論文が、二〇〇一年九月のテロ攻撃以前の執筆である。第I部各章と第Ⅲ部第2章を除くすべての章が、すでに世に出ていた。初出年はそれぞれの章末に示したとおりである。したがって、読者各位におかれては、私の見立てと見通しを判定することもできるはずである。

二〇〇一年九月のテロ攻撃は本書の意味を倍加させたともいえる。アメリカへのテロとそれに対するアメリカの対応は、世界の政治を根本から変えた。今日、中東だけでなく世界中のあらゆる国が混乱のさなかにある。

しかし、急激な変化と乱気流の時代にあっては、たんなる対応のうまさでは成功は望みえない。企業、NPO、政府機関のいずれであれ、その大小を問わず、大きな流れを知り、基本に従わなければならない。個々の変化に振り回されてはならない。大きな流れそのものを機会としなければならない。

その大きな流れが、ネクスト・ソサエティの到来である。若年人口の減少であり、労働力人口の多様化であり、製造業の変身であり、企業とそのトップマネジメントの機能、構造、形態の変容である。

急激な変化と乱気流の時代にあっては、大きな流れにのった戦略をもってしても成功が保証されるわけではない。しかし、それなくして成功はありえない。

二〇〇二年イースターの日に
カリフォルニア州クレアモントにて

ピーター・F・ドラッカー

謝辞

私は新著を出すときには、その前に雑誌に発表することにしている。プロの編集者に目を通してもらうことがフィードバックの役割を果たしてくれるからである。

難点は、数字が雑誌掲載時のものになることである。しかし、これまで数字の小さな違いが大きな意味をもったことはなかった。本書でも数字はそのままにしてある。その代わり、それぞれの章末に初出年を示した。もちろん最新の論文である第Ⅰ部「迫り来るネクスト・ソサエティ」の数字は、二〇〇一年ないしは二〇〇〇年のものである。

本書の五分の一は「エコノミスト」誌初出である。第Ⅰ部「迫り来るネクスト・ソサエティ」の各章は同誌「エコノミスト・サーベイ」(二〇〇一年)、第Ⅱ部第4章「eコマースは企業活動をどう変えるか?」は同誌「エコノミスト・イヤーブック」(二〇〇〇年)、第Ⅲ部第3章「金融サービス業の危機とチャンス」は同誌通常号(一九九九年)初出である。

本書のうち四つの章はインタビューである。第Ⅱ部第2章「爆発するインターネットの世界」は「レッド・ヘリング」誌(二〇〇一年)、同第5章「ニューエコノミー、いまだ到来せず」は「ビジネス2.0」誌(二〇〇〇年)、第Ⅲ部第1章「起業家とイノベーション」は「インク・マガジン」誌(一九九六年）、同第4章「資本主義を越えて」は「ニュー・パースペクティブ」誌（一九九八年）掲載のものである。

第Ⅳ部第2章「対峙するグローバル経済と国家」と同第3章「大事なのは社会だ」は、「フォリン・アフェアーズ」誌（一九九七年、九八年）初出である。第Ⅱ部第3章「コンピュータ・リテラシーから情報リテラシーへ」は「フォーブズASAP」誌（一九九八年）、同第6章「明日のトップが果たすべき五つの課題」は「ビューポイント」誌（一九九七年）、第Ⅲ部第2章「人こそビジネスの源泉」は「ハーバード・ビジネス・レビュー」誌（二〇〇二年）、第Ⅳ部第1章「社会の一体性をいかにして回復するか？」は「ウォール・ストリート・ジャーナル」紙（一九九九年）、同第4章「NPOが都市コミュニティをもたらす」は「リーダー・トゥ・リーダー」誌（一九九八年）掲載のものである。

これら紙誌の編集者、及び四人のインタビュアーには、その助言、批評、編集、質問に深く謝意を表したい。また、私の長年の編集者トルーマン・タリー・ブック社のトルーマン・M・タリー氏には、論文選定と全体構成に多大のご助力をいただいたことに、読者各位とともに謝意を表したい。

第Ⅲ部　ビジネス・チャンス

第Ⅳ部　社会か、経済か

第I部

迫り来るネクスト・ソサエティ

第1章　ネクスト・ソサエティの姿

ニューエコノミーよりもネクスト・ソサエティ

はたしてニューエコノミー*なるものが、実現しうるかどうかは不明である。だが、ネクスト・ソサエティ**がやってくることはまちがいない。しかも万一ニューエコノミーが実現するとしても、ネクスト・ソサエティのほうがはるかに大きな意味をもつ。それは、二〇世紀の社会はもちろん、二一世紀の社会として一般に予想されているものとも異質の社会となる。そのかなりの部分がすでに実現しつつある。

＊ＩＴ化とグローバル化によって好況が持続するとされる経済
＊＊異質の次の社会

雇用形態の変化

なかでも特に重要な変化が、ようやく正面から捉えられるようになった問題、すなわち高年人口の急増と若年人口の急減である。

政治家は年金制度の改革を約束する。同時に、いまから二五年後には、誰もが七〇代半ばまで働かなければならなくなることも承知している。しかし彼ら政治家も、高年者のきわめて多くがフルタイムではなく契約ベース、非常勤、臨時、パートタイムで働くようになることまでは承知していない。企業においても、人事部や流行の人材開発部は、働く者がすべてフルタイムの正社員であることを前提としている。雇用関係の法令もそう想定している。

ところが、いまから二〇年後あるいは二五年後には、組織のために働く者の半数は、フルタイムどころかいかなる雇用関係にもない人たちとなる。特に高年者がそうなる。したがって、雇用関係にない人たちをいかにマネジメントするかが、企業だけでなくあらゆる種類の組織にとって中心的な課題の一つとなる。

市場の変化

若年人口の急減のほうは、ローマ帝国崩壊時以来のことであるというだけでも重大な意味をもつ。すでに先進国のすべてと中国及びブラジルが、人口維持に必要な出生率二・二を下回った。

このことは、政治的には、外国人労働者や移民の受け入れが、国論を二分する問題になることを意味する。経営的には、国内市場が激変することを意味する。

これまで先進国では、国内市場は家族形成の増大によって成長してきた。ところが、これからは大量の若年移民を受け入れないかぎり、家族形成が確実に減少していく。第二次大戦後に出現した大量消費市場は、若年中心の市場だった。これが中高年中心の市場となる。若年中心の市場は、残るとしても、中高年中心の市場よりもずっと小さくなる。

同時に、若年人口の減少により、高年者、特に高学歴高年者のリクルートと確保が重要となってくる。

高度の競争社会

ネクスト・ソサエティは知識社会である。知識が中核の資源となり、知識労働者が中核の働き手となる。

知識社会としてのネクスト・ソサエティには、三つの特質がある。第一に、知識は資金よりも容易に移動するがゆえに、いかなる境界もない社会となる。第二に、万人に教育の機会が与えられるがゆえに、上方への移動が自由な社会となる。第三に、万人が生産手段としての知識を手に入れ、しかも万人が勝てるわけではないがゆえに、成功と失敗の並存する社会となる。

これら三つの特質のゆえに、ネクスト・ソサエティは、組織にとっても一人ひとりの人間にとっても、高度に競争的な社会となる。

すでに、ネクスト・ソサエティのもう一つの重要な側面である情報技術（IT）が重大な影響をもたらしつつある。知識は瞬時に伝えられ、万人の手に渡る。その伝達の容易さとスピードが、企業、学校、病院、政府機関に対し、たとえ市場と活動はローカルであっても、競争力はグローバル・レベルにあるべきことを要求する。インターネットは世界中のユーザーに対し、何をどこで、いくらで手に入れられるかを教える。

主役の交替

ネクスト・ソサエティは、知識を基盤とする経済であるがゆえに、主役の座を知識労働者に与える。知識労働者という言葉は、今日のところ、医師、弁護士、教師、会計士、化学エンジニアなど高度の教育と知識をもつ一部の人たちを指すにとどまっている。

だがこれからは、コンピュータ技術者、ソフト設計者、臨床検査技師、製造技能技術者など膨大な数のテクノロジスト（技能技術者）が必要となる。彼らは、知識労働者であるとともに肉体労働者でもある。むしろ頭よりも手を使う時間のほうが長い。だがその手作業は、徒弟制ではなく、学校教育でしか手に入れられない知識を基盤とする。とびぬけて収入が多いわけではないかもしれない。しかし彼らは、プロフェッショナル、すなわち専門職業人である。

二〇世紀には、製造業の肉体労働者が社会と政治の中核を占めていた。これからは彼らテクノロジストが、社会の、そしておそらくは政治の中核を占めるようになる。

保護主義の復活

経済構造においても、ネクスト・ソサエティは今日の社会とは異質のものとなる。二〇世紀には、一万年の間、社会を支配してきた農業が力を失った。

農業生産は第一次大戦以前の四倍から五倍に達した。しかし、世界貿易に占める農産品貿易の割合は、第一次大戦前夜の一九一三年に七〇％だったものが、今日では一七％にすぎない。ＧＮＰに占める割合も、先進国ではごくわずかとなっている。

今日、製造業が農業に似た道をたどりつつある。第二次大戦後から今日までの間に、先進国の工業生産は三倍以上になった。しかし製品個々の実質価格は着実に低下した。その間、医療や教育などのいわば知識製品とも呼ぶべきものの実質価格が三倍になった。いまやこれら知識製品に対する製造業製品の購買力は、五〇年前の五分の一から六分の一になっている。

一九五〇年代のアメリカでは、製造業の雇用が全就業人口の三五％を占めていた。ところが今日では、いかなる社会不安も引き起こすことなく半減している。しかし、製造業の雇用が今日でも二五〜三〇％の高い水準にある日本やドイツにおいて、その急激な減少はいかなる社会不安をもたらすことになるか。

国富と生計の担い手としての農業の地位の低下は、第二次大戦以前において、今日では想像すらできない保護主義をもたらした。これからも自由貿易のお題目は唱えられ続ける。だが製造業の地位の変化が、新たな保護主義をもたらすことはまちがいない。

それは関税による保護主義ではない。補助金、輸入割り当て、諸々の規制による保護主義である。あるいは、域内においては自由貿易、域外に対しては保護貿易という地域共同体の発展を通じての保護主義である。すでに欧州のＥＵ、北米のＮＡＦＴＡ、南米のメルコスールがその方向に向かいつつある。

グローバル企業の未来像

今日のグローバル企業が世界経済に占める位置は、量的には、一九一三年当時の多国籍企業とさして変わらない。だが、質的にはまったくの別種である。かつての多国籍企業は国別に独立した子会社をもつ国内企業だった。これに対し今日のグローバル企業は、事業の論理に従ってグローバルに事業を展開する。ただし今日のところ、グローバル企業の多くは一九一三年当時の多国籍企業と同じように、まだ株式の保有によって一体性を保っている。

いまから二五年後のグローバル企業は、戦略によって一体性を保つことになる。所有による支配関係も残るが、少数株式参加、合弁、提携、ノウハウ契約が大きな位置を占めるようになる。もちろん、そのような事業構造のもとではトップマネジメントのあり方も大きく変わる。

依然として、トップマネジメントは、大企業においてさえ現場のマネジメントの延長線上にあるとされている。しかし、明日のトップマネジメントは、現場のマネジメントとは異質の独立した機関となる。それは事業全体のための機関となるはずである。

そのとき、グローバル企業のトップマネジメントにとってもっとも重要な仕事となるのが、短期と長期のバランスである。同時に顧客、株主（特に年金基金その他の機関投資家）、知識労働者、地域社会など利害当事者間の利害のバランスをとることである。

それでは、これらいくつかのすでに起こりつつあることをふまえて、いまマネジメントたるものは何をなすべきか。われわれがまだ気づいていない変化としては、さらにどのようなものがあるだろうか。

（二〇〇二年）

第2章　社会を変える少子高齢化

急速に進行する少子高齢化

世界三位の経済大国ドイツでは、今日六五歳超人口が全人口の五分の一を占める。これが二〇三〇年には、三分の一近くへと急増する。今日の出生率一・三という数字に大きな変化がないかぎり、三五歳未満人口は、この高年人口の増加の倍のスピードで減少する。その結果、ドイツの人口そのものが、現在の八二〇〇万から七三〇〇万あるいは七〇〇〇万へと減少する。就労年齢人口は、今日の四〇〇〇万から三〇〇〇万へと四分の一減少する。

このドイツの人口変化は例外ではない。世界二位の経済大国日本では、人口は二〇〇五年に一億二五〇〇万のピークに達する。二〇五一年には一億人を切る。そのかなり手前の二〇三〇年においてさえ、六五歳超人口が成人人口の半数を占めるにいたる。日本の出生率はドイツ並みの一・三である。

これらの数字は、フランス、イタリア、オランダ、スウェーデン、スペイン、ポルトガルなど他の先進国でも変わらない。新興国でさえ変わらない。中国もそうである。イタリア中部、フランス南部、スペイン南部にいたっては、ドイツや日本よりも出生率が低い。

とはいえ、この高年人口の増加は三〇〇年の趨勢の延長線上にある。これに対し、若年人口の減少こそまったく新しい現象である。今日のところ、若年人口の減少に見舞われていない先進国はアメリカだけである。そのアメリカさえ、出生率は人口を維持できる水準にない。成人人口における高年人口の割合は、今後三〇年間、アメリカでも着実に上昇していく。

このことは、先進国の政治において高年者の支持が重要になることを意味する。すでに年金改革は選挙公約の柱である。移民の受け入れは人口維持や労働力確保の観点から論じられるようになっている。年金と移民の二つの問題が、先進国の政治の様相を大きく変えつつある。

遅くとも二〇三〇年には、先進国では退職者が退職の恩恵に浴せるのは七〇代半ばということになる。年金の額も少なくなる。

就業者の年金負担の上昇を多少なりとも抑えるために、心身ともに健康な者に対する定年は撤廃されているかもしれない。すでに若年者と中年者の多くが、自分たちの年金の財布が空になることを懸念している。いずれの国においても、政治家だけが、現行の年金制度を救える振りをしている。

移民は必要かつ不要

移民の受け入れが大きな問題となる。ベルリンのＤＩＷ研究所では、労働力を維持するためにドイツは年間一〇〇万人の移民を必要とすると推計した。他のヨーロッパ諸国も事態は変わらない。人口問題の権威、アメリカン・エンタプライズ・インスティテュート（ワシントン）のニコラス・エーベルスタットは、「今後五〇年間、日本は年間三五万人の移民を必要とし、労働人口の減少を防ぐためにはその倍を必要とする」（「フォリン・ポリシー」二〇〇一年三・四月号）といっている。しかもアメリカ以外の国には、そのような規模の移民を受け入れた経験がまったくない。
すでにこの問題が政治を変えつつある。

一九九九年、オーストリアにおいて移民ゼロを公約とする右翼政党が勝利したことは、ヨーロッパ中に衝撃を与えた。同じ動きはベルギーのフラマン語圏、リベラルなはずのデンマーク、イタリア北部でも見られる。

アメリカでさえ、移民問題が政党支持層に変化をもたらしつつある。移民に反対する労働組合は、一九九九年のＷＴＯシアトル総会時のグローバル化反対デモを支持した。これからは、民主党候補は、移民に反対して労組票をとるか、移民に賛成してラテン系を中心とする移民票をとるかで悩むことになる。共和党候補も、賛成して労働力の不足を懸念する経済界の支持を得るか、反対して反移民色を強める白人中流階層の支持を受けるかで悩むことになる。

とはいえ、先進国のなかでは、すでに多くの移民を受け入れているアメリカが数十年先をいっていることにまちがいない。アメリカは特に一九七〇年代以降、非合法のものを含め大量の移民を受け入れている。そのほとんどが若く、出生率も高かった。そのおかげで、アメリカは今後三〇年から四〇年の間、他の先進国が人口を減少させていくなかにあって、わずかながら人口を増加させていく。

優位に立つアメリカ

アメリカが優位にあるのは、若年人口の数だけではない。移民に対する文化的な馴れがある。社会的、経済的に同化させる方法を身につけている。しかも最近では、ラテン系、アジア系ともにアメリカ社会に同化するスピードが速くなっている。ラテン系移民の三分の一は、ラテン系でも移民でもないアメリカ人と結婚している。最近の移民にとって、問題は公立学校のレベルの低さぐらいのものである。

先進国のなかでは、アメリカ並みの経験をもつ国はオーストラリアとカナダだけである。日本は一九二〇年代と三〇年代に朝鮮から受け入れた以外は移民を受け入れていない。彼らに対する差別意識は今日でも問題にされている。

しかも一九世紀の大量移民は、アメリカ、カナダ、オーストラリア、ブラジルのような空白に近い地帯への移住か、同一国内における農村から都市部への流入だった。ところが二一世紀の移民は、すでにその国の人間がいるところへ流入する国籍、言語、文化、宗教の異なる外国人である。依然としてヨーロッパは、そのような外国人の同化に成功していない。

文化と市場の多様化

人口構造の変化がもたらす最大の影響が、文化と市場の多様化である。実は一九二〇年代、三〇年代まで、あらゆる国が多様な文化と市場をもっていた。それらは階層、職業、居住地によって分かれていた。たとえば一九二〇年あるいは四〇年までは、農村市場や富裕市場があった。

しかし第二次大戦後、あらゆる先進国が、ただ一つの文化とただ一つの市場をもつようになった。ところが、今日進行中の人口構造の変化は、それら単一化したマスの文化と市場に大きな影響を与える。

第二次大戦後の先進国市場は、若年人口の価値観、生き方、好みによって支配された。アメリカのコカ・コーラやプロクター&ギャンブル、イギリスのユニリーバ、ドイツのヘンケルは、一九五〇年から二〇〇〇年までの間、若年人口の増大と家族形成の増大のおかげで利益をあげ、成長することができた。各国の自動車メーカーもそうだった。

今日、再び市場は多様化の兆しを見せている。この二五年間、アメリカで最大の伸びを示してきた金融サービス産業では、すでに市場の多様化が明らかである。一九九〇年代の狂的ともいうべきハイテク株のバブル市場は四五歳未満人口の市場だった。これに対し、投資信託や私的年金など同じように急成長した長期投資市場は五〇歳以上人口の市場だった。

今後、先進国においてもっとも急速に成長するに違いない高学歴者のための継続教育の市場も、これまでの若年市場とはまったく異質の価値観をもつ市場である。

もちろん、若年市場にもそれなりの際立って魅力的なものが生まれる。たとえば、中央政府の一人っ子政策が強力に推進された中国の沿海都市部では、中流階級がかつて四、五人の子供にかけていた総額を超える額を一人にかけるようになっている。日本でもその傾向がある。アメリカでは、中流階級が良質な学校のある郊外に引っ越すなど大金をかけている。新種の高級品市場たるこの若年市場もまた、過去五〇年間のマス市場とは異質である。

こうして戦後発展したマス市場が、若年人口の減少とともに影を薄くしつつある。

労働市場の多様化

労働市場のほうも、需要が異なり、動きが異なり、雇用形態が異なる多様な市場に分化する。すでに五〇代未満市場と五〇代以上市場が分かれつつある。若年者は、正社員として安定した収入を必要とする。少なくとも常時フルタイムの仕事を必要とする。これに対し現在急増中の高年者は、幅の広い選択肢を必要とする。彼らには多様な組み合わせがある。休養との組み合わせさえ必要とする。

労働市場は女性のテクノロジストの出現によっても多様化する。看護士、コンピュータ技師、弁護士補助職の資格をもつならば、一五年間の子育てのあと仕事に復帰できる。アメリカでは、男性よりも多くなった大卒女性の多くがテクノロジストの道を進んでいる。テクノロジストの道こそ、子育て後の社会復帰を望む女性のニーズに応え、かつ労働可能年限の延長という新しい現実に応える初めてのキャリアである。

そもそも労働可能年限の延長だけでも、労働市場の多様化を促進する。五〇年に及ぶ職業人生活は、一種類の仕事をするには長すぎる。

企業をはじめとする組織の短命化も、労働市場の多様化を促進する。これまでは、雇用主たる組織のほうが被用者よりも長命であることが常識だった。これからは、被用者、特に知識労働者の労働可能年限のほうが、うまくいっている組織の寿命をさえ上回る。

三〇年以上存続する企業はほとんどなくなることを覚悟しなければならない。政府機関や政府プログラムさえ、三〇年はもたなくなる。かつては、働く者のほとんどにとって、労働可能年限は三〇年以下だった。肉体労働者として疲れきってしまった。しかし今日、二〇代で労働力市場に入ってきた知識労働者は、五〇年経ったあとも心身ともに働くことが可能である。

すでにアメリカでは、「第二の仕事」「第二の人生」が流行語になっている。ますます多くの働き手が、私的年金や公的年金の受給資格を確定するや早期退職を選んでいる。働くことをやめるわけではない。新しい雇用形態のもとで再び働きはじめる。フリーとして働き、税務申告を忘れる者もいる。アウトソーシング先で働き続ける。あるいは契約社員として働く。最近では、この働き続けるための早期退職が増えている。

今日のところ、五〇歳あるいは五五歳に達した働き手のなかに、知識労働者は少数である。しかし二〇三〇年には、彼らが単独では最大の層となっているはずである。

人口の変化に気をつけよ

二〇年後の労働力人口は、かなり確実に予測することができる。二〇二〇年に労働力になっている者はすでに生まれている。

しかし、アメリカのこの二〇年を見ても明らかなように、人口は予想もしない方向に急激に変化する。しかもその影響はかなり早く現われる。たとえばアメリカでは、一九四〇年代のベビーブームが、早くも一九五〇年代には住宅建設ブームを引き起こした。

アメリカは一九二〇年代の半ば以降、最初の少子化を経験した。一九二五年から三五年の間に、出生率が半減した。人口維持に必要な出生率二・二を割った。一九三〇年代にローズヴェルト大統領が任命した人口学者と統計学者からなるアメリカ人口問題諮問委員会は、アメリカの人口は一九四五年をピークとして、しだいに減少すると結論した。

ところが実際には、一九四〇年代の半ば以降、突然の人口爆発が起こり、予測がはずれた。わずか一〇年間に、出生率が一・八から三・六へと倍増した。一九四七年から五七年にかけて、アメリカは驚くべきベビーブームを経験した。出生数が年間二五〇万人から四二〇万人に増加した。

そして、一九六〇年から六一年にかけて逆の現象が始まった。団塊の世代が成人になることにともなって到来が予測されていたベビーブーム第二波の代わりに、突如少子化がやってきた。六一年から七五年の間に、出生率は三・七から一・八へと急落した。出生数は六〇年の四三〇万人から七五年には三一〇万人へと激減した。

予測できないことは、もう一度起きた。一九八〇年代後半から九〇年代前半にかけてのベビーブームの再来がそれだった。出生率は最初のベビーブームを上回った。その原因は七〇年代前半に始まっていた大量移民だった。この大量移民の子供たちが成人し自分の子供をもちはじめたとき、その出生率は、移民先のアメリカではなく親の出身国のそれに近かった。二一世紀初めの今日、カリフォルニア州の学童の五人に一人は、少なくとも片親が外国生まれである。

しかし、一九四〇年代のベビーブームとその後二回の少子化については、原因がわかっていない。いずれの少子化も、理論的にはたくさんの子供をもつはずの好況時に起こった。四〇年代のベビーブームにしても、大きな戦争の直後は出生率が低下するという経験則からはありえないことだった。いまわかっていることは、現代社会の出生率を定めるものが何であるかについては何もわかっていないということだけである。

人口構造の変化こそ、ネクスト・ソサエティにおいてもっとも重要な要因であるだけでなく、もっとも予測しがたく管理しがたい要因である。

（二〇〇一年）

第3章　雇用の変貌

製造業労働者の減少

一〇〇年前には先進国においてさえ、圧倒的に多くの人たちが、農場で、ご主人の邸宅で、仕事場で、工場で、身体を使って働いていた。ところが五〇年前には、アメリカではこの種の肉体労働者の人口が労働人口の半分にまで減っていた。そのころ、肉体労働者のなかでも工場労働者が、労働力人口の三五％という単独では最大の階層となった。

そして、そのまた五〇年後の今日、工場労働者を含む肉体労働者全体が全労働人口に占める割合は、四分の一にまで減った。その約半分が工場労働者である。全労働人口に占める工場労働者の割合は、一〇〇年前の一五％に戻った。

あらゆる経済大国のなかで、製造業労働者の割合が最低の国がアメリカである。イギリスがこれに続く。日本とドイツでは、まだ四分の一近くが製造業労働者である。

あらゆる先進国において、製造業労働者の割合は減少の一途をたどっている。これには統計上の問題もある。フォード社で働くデータ処理技術者は製造業労働者とされる。ところが、フォードがデータ処理をアウトソーシングしたとたん、同じ仕事をする同じ人間がサービス労働者とされる。だがこれは、ほとんど無視してよい問題である。あらゆる調査が、製造業労働者は統計が示すように着実に減少しつつあることを明らかにしている。

増大する知識労働者

第一次大戦以前は、肉体労働以外で生計を立てている者については、それを表わす言葉さえなかった。サービス労働なる言葉が生まれたのが一九二〇年前後だった。この言葉は当時から曖昧だった。今日、肉体労働者でない者のうち、本当のサービス労働者は半分もいない。先進国社会でもっとも急速に増加している労働力は、サービス労働者ではなく知識労働者である。すなわち、仕事に正規の高等教育を必要とする人たちである。アメリカでは、この知識労働者が全労働力人口の三分の一を越えた。実に工場労働者の倍である。二〇年後には、先進国では全労働力人口の四割に達することになる。

知識産業、知識労働、知識労働者の三つの言葉は、いずれも生まれてまだ四〇年である。知識産業という言葉を初めて使ったのは、一九六〇年ころ、プリンストン大学のフリッツ・マクラップだった。同じころ、知識労働と知識労働者という言葉を初めて使ったのが私だった。今日では、いずれも普通に使われる言葉になっている。

しかし、まだ誰も、これらのものが、価値、行動、マネジメント、成果、経済、政治との関連においてもつ意味については、ほとんど理解していない。いまのところ、到来しつつある知識社会と知識経済が、二〇世紀の社会と経済とは異質のものになるということだけが、日々明らかになっている。

知識労働者とは新種の資本家である。なぜならば、知識こそが知識社会と知識経済における主たる生産手段、すなわち資本だからである。今日では、主たる生産手段の所有者は知識労働者である。知識労働者は、旧来の意味においても資本家である。年金基金と投資信託の所有者として、知識社会と知識経済における大企業の株主、文字どおりの所有者となっている。

知識は専門化して、初めて有効となる。ということは、知識労働者は組織と関わりをもたざるをえないことを意味する。組織とは、多分野の知識労働者を糾合し、彼らの専門知識を共通の目標に向けて動員するための人の集合体である。

中学の最高の数学教師は、中学があって初めて成果をあげる。製品開発の最高のコンサルタントは、その助言に耳を傾ける組織があって初めて成果をあげる。最高のソフト設計者は、ハードのメーカーがあって初めて成果をあげる。しかし逆に、中学は数学教師を必要とし、メーカーは製品開発のコンサルタントを必要とし、パソコンメーカーはソフト設計者を必要とする。

したがって、彼ら知識労働者は、自らを、彼らのサービスを利用する組織と同格の存在と自認する。知識社会とは非階層の社会であって、上司と部下の社会ではない。

女性の活躍

これらのことすべてが、特に女性にとって大きな意味をもつ。もともと人類の歴史において、女性の役割と男性の役割は同等だった。サロンの有閑マダムなどは、一九世紀の富裕階級においてさえ珍しい存在だった。畑、作業場、店のいずれであっても、夫婦で働かなければやっていけなかった。二〇世紀の初めでさえ、医者は独身では開業できなかった。予約をとり、患者を迎え、加減を聞き、請求書を書く妻を必要とした。

仕事の内容は男と女で違っていた。男の仕事と女の仕事があった。聖書でも水汲みにいくのは女だった。水汲みの男の話は一つもなかった。糸を紡ぐ男もいなかった。ところが、今日の知識労働の仕事はフェミニズムとは関係なく、男女いずれでも行ないうるがゆえに中性である。

とはいえ、史上初の知識労働は男女いずれかのものだった。一七九四年に、フランスのエコール・

ノルマル（師範学校）の創設によって確立された知識労働としての教職は男のものだった。その六〇年後の一八五三年、クリミア戦争中にフローレンス・ナイチンゲールが生みの親となって生まれた二つ目の知識労働である看護は女のものだった。教職が男女双方の仕事になったのは一八五〇年前後のことであり、アメリカで看護学校の学生の四割が男となったのは、ようやく二〇〇〇年のことである。

一八九〇年代まで、ヨーロッパには女医がいなかった。ヨーロッパ最初の女医、イタリアの偉大な教育者マリア・モンテッソーリは「私は女医ではない。医者でたまたま女というだけだ」といった。今日ではこれと同じことが、あらゆる知識労働についていいえる。性別と関係なく、知識労働者は専門家である。知識、仕事、基準、評価に違いはない。

新種の知識労働者――テクノロジスト

医師、弁護士、科学者、聖職者、教師は、この一〇〇年間に増加したとはいえ、大昔から存在していた。しかし今日では、二〇世紀以前には存在していなかった新種の知識労働者が急速に増加している。それがテクノロジストである。仕事に身体は使っても、報酬は学校教育で得た知識によって決まる。

X線技師、超音波技師、理学療法士、精神科ケースワーカー、歯科技工士がいる。特に近年アメリカで最大の増加を見せた職業が、これら医療テクノロジストである。イギリスでも同じことが起こっている。

コンピュータ、製造、教育のテクノロジストも、今後二、三〇年の間に、さらに増加するはずである。弁護士補助職のような事務テクノロジストも増加する。かつての秘書は、いまや上司の仕事と事務のマネジメントに腕をふるうアシスタントという名の事務テクノロジストである。やがてこれら多様なテクノロジストが、あらゆる先進国において最大の層となり、五〇年代、六〇年代の組織化された工場労働者の地位を占めることになる。

知識労働者の特質は、自らを労働者ではなく専門家と見なすことにある。医療テクノロジストは、時間の多くを患者ベッドの整理、電話の応対、書類の整理など、さほど熟練を必要としない仕事に使う。だが、彼ら自身及び社会による彼らの位置づけは、学校教育で得た知識によって行なわれる。その部分が彼らを知識労働者として位置づける。

したがって、知識労働者には二つのものが不可欠である。その一つが、知識労働者としての知識を身につけるための学校教育である。もう一つが、その知識労働者としての知識を最新に保つための継続教育である。

医師、聖職者、弁護士など旧来の知識労働者のためには、正規の教育が何世紀も前から行なわれていた。しかし、彼ら最近のテクノロジストについては、体系的で組織だった教育が行なわれているのはごくわずかの国でしかない。したがって今後数十年にわたり、あらゆる先進国と新興国において、このテクノロジストのための教育訓練機関が急速に増えていく。

いままでとの違いは、社会人のための継続教育が加わるということだけである。これまで学校は、仕事に就けば終わりだった。しかし知識社会では、学校に終わりはない。

知識と技能では変化のスピードが違う。スペインのバルセロナ近郊の博物館には、ローマ時代末期の道具が展示されている。それらのほとんどが今日のものとほとんど変わらない。今日の技能者にも一目でわかる。ということは、かつては一七、八歳までに習得した技能で生涯やっていけたということだった。

知識は急速に陳腐化する。そのため定期的に教室に戻ることが不可欠となる。知識労働者のための継続教育がネクスト・ソサエティにおける成長産業となる。ただし、それが行なわれる場所は学校とはかぎらない。週末のセミナーへの参加であったり、自宅でのeラーニングであったりする。IT革命の影響も、学校そのものに対するよりも、この継続教育に対してのほうが大きい。

知識労働者の自己規定

知識労働者は、自らの専門領域によって自己規定する。人類学者です、理学療法士です、と名乗る。たとえ働いている企業、大学、政府機関を誇りにしていたとしても、本当に属しているのはそれらの組織ではない。彼らは同じ組織にいる他の分野の者よりも、他の組織にいる同じ分野の者との間により多くの共通点をもつ。

知識とは専門化である。彼らは自らの専門分野では高度の流動性をもつ。大学、企業、政府機関を変わることに抵抗がない。今日、知識労働者の帰属意識の回復が論じられている。しかし、そのような試みはほとんど無益である。彼らといえども組織への愛着はもつ。居心地のよさも感じる。だが、その忠誠は自らの専門分野にある。

知識に上下はない。状況への関連の有無しかない。心臓外科医は言語療法士よりも高給であって敬意を払われるかもしれないが、脳溢血患者のリハビリに成果をあげるのは言語療法士のほうである。知識労働者が自らを誰かの部下ではなく自立した存在とみなし、かつそのように遇されることを求めるのはそのためである。

知識労働者にとっても、他のあらゆる人間にとってと同様、金は重要である。しかし、彼らは金を絶対的な価値とはしない。自らの成果や自己実現の代替とは認めない。仕事が生計の資だった肉体労働者と違い、知識労働者にとって仕事は生きがいである。

さらによりよい人生を

知識社会は、上方への移動に制限がないという初めての社会である。知識は、相続も遺贈もできないところが他の生産手段と異なる。あらゆる者が自力で獲得しなければならない。誰もが無知の状態からスタートする。

知識は、教えることができなければならない。すなわち、公共のものである。誰でもアクセスできる。あるいはただちにアクセスできるようになる。この事実が知識社会に高度の流動性をもたらす。今日では、誰でも学校で知識を身につけられる。徒弟として親方に仕える必要はない。

一八五〇年あるいは一九〇〇年にいたってなお、あらゆる社会に流動性がなかった。出生が社会における地位と職業を定めるインドのカースト制は、極端な例の一つにすぎなかった。あらゆる社会において、農民の男の子は農民となり、女の子は農民の嫁となった。そこにあった流動性は、戦乱、厄病、不運、飲酒、博打による下方への移動だけだった。

かぎりなくチャンスの存在する国アメリカでさえ、信じられているほどの上方への移動はなかった。二〇世紀前半でさえ、経営幹部、管理職、専門職の圧倒的に多くが、農民や小店主や工場労働者の子ではなく、経営幹部、管理職、専門職の子だった。アメリカがヨーロッパと違っていたのは、上方への移動が容易だったことではなく、それが社会において促進され、大事にされ、祝福されていたことにあった。

知識社会では、この上方への移動が、かつてのアメリカよりもさらに前向きに捉えられる。上方への移動に対する阻害要因はすべて差別としてしりぞけられる。

このことは、あらゆる人間が成功者たることを期待されるということを意味する。かつての世代にとっては信じられない考えである。もちろん、際立った成功をする者はわずかである。しかしネクスト・ソサエティにおいては、ある程度の成功はあらゆる人間に期待される。

一九五八年に、ジョン・ケネス・ガルブレイスが『豊かな社会』について書いた。それは、金持ちが多い社会でも、金持ちがさらに金持ちになる社会でもなかった。過半の者が金銭的な安定を享受しうる社会のことだった。

これからの知識社会においては、きわめて多くの人間、おそらく過半の人間が、金銭的な安定よりもはるかに重要なこと、すなわち自らの社会的な位置づけと豊かさを実感することになる。

成功の代償

知識社会に特有の上方への移動は高い代償をともなう。それは競争にともなう心理的な圧力と精神的なストレスである。敗者がいるからこそ勝者がいる。昔の社会はそうではなかった。無産者の子は、無産者であっても敗者ではなかった。ところが知識社会では、敗者がいるだけでなく、敗者の存在は社会の罪とさえされる。

日本の生徒には、睡眠不足による注意力散漫が見られるという。毎夜の塾通いのせいである。塾に行かなければ、有名大学に入れず、よい就職ができない。この大学受験のプレッシャーが勉強嫌いを生む。さらに、日本の美点である経済的な平等性を蝕む。金権主義までもたらす。有名大学への環境を整えられるのは経済的なゆとりのある家庭だけである。

アメリカ、イギリス、フランスでも、学校がおそるべき競争の場になっている。このような種類の競争が三〇年、四〇年という短い年月の間に発生し、かつ激化したということは、失敗に対する恐怖心が、すでに知識社会の隅々に浸透してしまったことを示している。

しかもそのような競争のあとでは、ますます多くの成功した知識労働者、すなわち企業の管理職、大学の教員、美術館の幹部、医者たちも、四〇代、五〇代にして燃えつきることになる。すでに来られるところまで来てしまったことを自覚する。

そのとき、できることが仕事だけであるならば問題が生ずる。したがって知識労働者たる者は、若いうちに非競争的な生活とコミュニティをつくりあげておかなければならない。コミュニティでのボランティア活動、地元のオーケストラへの参加、小さな町での公職など仕事以外の関心事を育てておく必要がある。やがてそれらの関心事が、万が一にも仕事に燃えつきたとき、貢献と自己実現の場を与えてくれることになる。

（二〇〇一年）

第4章　製造業のジレンマ

製造業の相対的地位の変化

二〇世紀の末、鉄鋼業の主軸製品たる自動車用鋼板の世界価格が、トン当たり四六〇ドルから二六〇ドルに暴落した。ところが、そのときアメリカ経済はブームに沸き、ヨーロッパのほとんどが好況にあった。自動車生産量は過去最大となっていた。

この鉄鋼業の経験こそ、今日製造業が直面する問題の典型である。一九六〇年から九九年の間に、アメリカでは製造業のGNP及び雇用に占める割合が、いずれもわずか一五%へと半減した。ところがこの同じ四〇年間に、製造業の生産量は倍増どころか三倍近くに達した。一九六〇年には、製造業は先進国経済の中核だった。ところが二〇〇〇年には、GNPへの寄与において金融サービス業に抜かれていた。

製造業製品の購買力は、過去四〇年間で四分の一になった。製造業製品の実質価格が四〇%下落したのに対し、特に二つの知識産業サービス、すなわち医療と教育の実質価格は物価上昇率の三倍上昇した。その結果、同一の知識産業サービスを享受するには、四〇年前と比べて、五倍の製造業製品を必要とすることになった。

製造業労働者の購買力も、彼らが製造する製品よりはましだったが、やはり下落した。生産性の急速な伸びによって、かろうじて実質収入を維持したにすぎなかった。しかも四〇年前、製造業製品に占める労働コストの割合は三〇％だったが、今日では一二％から一五％である。製造業のなかでは労働集約的な部類に属する自動車産業さえ、最新鋭の工場の労働コストは二〇％以下になっている。

こうして製造業労働者は、消費財市場における最大の顧客層ではなくなった。アメリカでは、製造業が壊滅的な危機に襲われていたときでさえ、消費財の売れ行きはさしたる影響を受けなかった。

製造業の生産性を向上させ、同時に製造業の中身を変えたものが新しい製造のコンセプトだった。情報化やオートメ化よりも、それら新しいコンセプトの確立のほうが大きな役割を果たした。まさにそれらのものは、八〇年前の大量生産のコンセプト並みの成果をもたらした。その一つであるトヨタのリーン生産方式などは、ロボット、コンピュータ、オートメ機器の類さえ不要にするものだった。有名な例が、スーパーで売っているヘアドライヤーにより、コンピュータ制御の塗装ラインが不要になったことだった。

製造業は、かつて農業が歩んだ道をたどっている。先進国における農業の生産性の向上は一九二〇年ころに始まり、第二次大戦後さらに加速した。第一次大戦以前は、先進国の多くが農産物の輸入国だった。ところが今日、先進国のなかで農産物の輸入国は日本だけである。それどころかヨーロッパのあらゆる国が、売るあてのない大量の余剰農産物をかかえている。今日、農業生産は一九二〇年の四倍に達した。一九五〇年と比べても三倍になっている。

ところが農業従事者は、二〇世紀の初めには労働力人口のうち最大だったものが、今日ではあらゆる国で三％以下になっている。農業生産も二〇世紀の初めにはＧＮＰの内訳として最大だったものが、二〇〇〇年には、たとえばアメリカでは二％以下になっている。

雇用の減少と社会不安

これからの製造業が、かつての農業ほど生産量を増加させることはない。逆にかつての農業ほど富と雇用の創出者としての地位を失うこともない。しかし信頼すべき推計によれば、二〇二〇年には先進国の製造業の生産量は今日の倍以上になるが、その雇用は就業者人口の一二％あるいは一〇％に縮小するという。

実はアメリカでは、製造業をめぐるこれらの転換は、さしたる混乱もなくすでに終わっている。被害を受けたのは、製造業の雇用の伸びが生活水準の向上に直接つながっていた黒人だけだった。大工場に雇用を依存していた地域においてさえ、失業率が上がったのは一時のことだった。政治さえほとんど影響を受けなかった。

しかし他の先進国が、この難局をアメリカのように簡単に乗り越えられるかは疑問である。イギリスでは、社会心理的には大きな影響を受けたものの、社会不安にはいたらなかった。しかし、労働市場がおそろしく硬直的で、ついこの間まで教育による上方への社会移動がほとんど不可能だったドイツやフランスでは、どのようなことになるだろうか。すでにドイツはルール地方に、フランスはリール地方に膨大な失業をかかえ、社会不安をともなう辛い転換期に直面している。

日本は？

この点に関してよくわからない国が日本である。日本にはいわゆる労働者階級の文化というものがない。日本は上方への社会移動の手段としての教育にも敬意を払ってきた。

しかし日本社会の安定は、雇用の安定、特に大規模製造業における雇用の安定に依存するところが大きかった。いま、その雇用の安定が急速に崩れつつある。一九五〇年代に雇用が安定するまでは、日本は世界でもっとも激しい労働争議に明け暮れしていた。しかも日本は、製造業雇用が全就業者人口の四分の一という先進国では最高の水準にある。労働力市場といえるものも、労働の流動性もないに等しい。

社会心理的にも、日本は製造業の地位の変化を受け入れる心構えができていない。日本は二〇世紀の後半、製造業の力によって経済大国の地位を獲得した。

もちろん日本を軽く見ることはできない。日本はその歴史において、新たな現実に直面し、文字どおり一夜にして転換をなしとげた実績をもつ。だが、経済発展の主役としての製造業の地位の変化が、日本のかつての難局のいずれにも劣ることのない大問題であることに違いはない。

途上国の道

こうして今日、富と雇用の生み手としての製造業の地位の変化が、世界の経済的、社会的、政治的な様相を変えつつある。それは、途上国が経済発展の奇跡を行なうことをますます難しくしている。日本、韓国、台湾、香港、シンガポールなど二〇世紀後半に見られた経済発展の奇跡は、先進国から導入した技術と生産性に低賃金を組み合わせることによって実現された。だが、もはやそのようなことは不可能である。

これからは、それらの国が経済発展を図るには先進国経済との統合しかない。まさにこの政策こそ、メキシコの新大統領ヴィンセント・フォックスが、北アメリカ経済圏の統合、すなわちアメリカ、カナダ、メキシコの完全統合によって実現しようとしているものである。経済的にはきわめて合理的でありながら、政治的にはきわめて困難な政策である。

もう一つの政策は、中国が推進している自国内に市場を創出する試みである。少なくとも理論的には、インド、ブラジル、メキシコは経済発展の基盤としうる市場をもてるだけの人口をもつ。しかしそれでは、パラグアイやタイなど小国の途上国は、ブラジルなど新興の大国の大市場へのアクセスを許されるのだろうか。

新種の保護主義

価値と雇用の創出者としての製造業の後退は、かつて農業の後退にともなって見られた保護主義をもたらさざるをえない。二〇世紀を通じあらゆる先進国において、農産物価格と農業従事者の一%の減少につき二%を超える補助金の増額が行なわれてきた。しかも農業従事者の減少にともない、農民票の重要性が高まった。先進社会では、農民は数を減らすほど団結し、利害集団として不釣り合いともいうべき発言力をもった。

これからの製造業に対する保護的措置は、関税ではなく補助の形をとる。EU、NAFTA、メルコスールなどの地域経済共同体は、加盟国間の障壁をなくすことによって膨大な地域市場を生みだす。同時に非加盟国に対し、障壁を設けることによってその市場を保護する。すでに多様な非関税障壁を設けている。

アメリカでは、国内鋼板価格の四〇%引き下げが発表された同じ週に、輸入鋼板のダンピング認定が行なわれた。

そのうえ、いかに理由が正当であろうとも、途上国に対する労働環境と環境対策の整備の要求は、彼らの輸出にとって強力な阻害要因となる。

保護は有効か

アメリカでも、製造業は雇用を減少させるほど政治的な影響力を強めている。特にこの間の大統領選挙では、労組票が著しく重要な意味をもった。有権者に占める労働組合員の割合が小さくなったための現象だった。危機感を強めた労組が強力な引き締めを行なった。かつては、かなりの数の労働組合員が共和党候補に投票した。今回の大統領選では、労働組合員の九割が民主党のゴア候補に投票した。

これまでの一〇〇年間、アメリカの労働組合は、少なくとも主張としては自由貿易主義だった。ところがこの数年、保護貿易主義への傾斜を強め、ついには反グローバル化を宣言するにいたった。雇用への脅威は、実は国際競争ではなく、価値と雇用の創出者としての役割の低下にあることなどは棚に上げている。彼らは、雇用の減少と生産の増大という新しい現実を理解できない。政治家、マスコミ、経済学者、世論もこれを理解できない。

しかも圧倒的に多くの人たちが、製造業雇用の減少を製造業の基盤を脅かす危機と捉え、保護の必要を説く。史上初めて、社会と経済が肉体的な労働を中心とするものではなくなり、一国の存続と繁栄にとっては、身体を使って仕事をする者の数はそれほど必要としなくなったことを受け入れられない。

保護主義は、経済的な利害と政治的な力学に加え、情緒的な郷愁と偏狭な愛国心によって勢力を伸ばす。だが、そこからは何も生まれない。成熟産業に対する保護は無効である。すでに七〇年に及ぶ農業保護の経験が明確に示している。

アメリカでは、大豆のように補助のなかった農産物が成功する一方において、一九三〇年代から補助を受けてきたとうもろこし、小麦、綿は不振のままである。

教訓は明らかである。過剰雇用の成熟産業に金を注ぎ込む政策は害をなすだけである。それらの金は、一時解雇された高年者を助け、若年者を再教育し再雇用するために使わなければならない。

（二〇〇二年）

第5章　企業のかたちが変わる

近代企業についての五つのパラダイム

一八七〇年前後に誕生して以来、近代企業については五つのことが当然とされてきた。

第一に、企業が主人、社員が従者とされた。企業が生産手段の所有者だった。したがって、企業が社員を必要とする以上に、社員が企業を必要とした。

第二に、社員のほとんどがフルタイムで働くものとされた。そこで得る所得が生計の資のすべてだった。

第三に、事業は、必要とされるあらゆる活動を一つの経営陣の傘下に入れることによって、もっともよくマネジメントできるとされた。

この考えを理論化したのが、イギリス生まれのアメリカ人経済学者ロナルド・コースだった。

彼はその理由を取引コストとコミュニケーション・コストに求めて、一九九一年のノーベル経済学賞を受けた。実はこの考えは、その七〇年から八〇年前にスタンダードオイルのロックフェラーが生みだしたものだった。彼は探鉱、採掘、輸送、精製、販売を一貫して行なうことによって効率をあげ、コストを抑え、史上最高の収益性を誇る大企業スタンダードオイルを築きあげた。

そして一九二〇年代に、ヘンリー・フォードがこの考えを徹底して実現した。フォード社は、ほとんどあらゆる自動車部品を自ら製造し、組み立てた。鉄鋼、ガラス、ゴムまで生産した。ゴム園をアマゾンで経営した。部品の搬入と完成車の搬出のための鉄道まで敷いた。実現はできなかったが、販売とアフターサービスまで手がけようとした。

第四に、市場では、供給側、特にメーカーが主導権をもつとされた。製品やサービスの情報は供給側がもっていた。需要側としてできることはブランドを信頼することだけだった。

第五に、あらゆる技術がそれぞれの産業に属し、逆にあらゆる産業がそれぞれに特有の技術をもつとされた。製鉄の技術は鉄鋼業でしか使えず、しかも鉄鋼業でしか生まれないとされた。同じことは製紙業、農業、金融サービス業、商業においてもいわれた。

この考えから、一八六九年、ドイツでシーメンスが最初の企業研究所をつくった。

一九五二年には、ＩＢＭが世界で最後というべき大がかりな企業内研究所をつくった。それらの研究所のすべてが、それぞれの産業のための技術に取り組んだ。その成果は、それぞれの産業が使うものとされた。

同じように、あらゆる製品とサービスがそれぞれの最終用途をもつとされた。そして、あらゆる最終用途にそのための製品とサービスがあるとされた。

ビールと牛乳はガラス瓶で売られた。自動車のボディは鉄でつくられた。運転資金は商業銀行によって賄われた。競争はあくまでも業界内で行なわれた。どの企業がどの事業を行ない、どの市場を顧客にするかは自明とされた。

パラダイムの変化

これらのことは、ほぼ一世紀の間、当然とされた。ところが一九七〇年ごろに、すべてが変わった。

第一に、知識が主たる生産手段、すなわち資本となった。知識は一人ひとりの知識労働者が所有する。それは携帯可能である。科学者だけでなく、理学療法士、コンピュータ技師、弁護士補助職についてもいえる。したがって、いまや知識労働者が、資金の提供者と同じように資本を提供している。両者は完全な相互依存関係にある。こうして知識労働者が企業にとっての同僚、パートナーとして同格になった。

第二に、今日でも働き手の半分以上がフルタイムで働き、そこから得るものを唯一または主たる生計の資としているものの、ますます多くが正社員ではなくパートタイム社員、臨時社員、契約社員、顧問として働くようになった。たとえフルタイムであっても、働いている企業の社員ではなく、アウトソーシング先の社員となった。

第三に、もともと取引コストはそれほど高いものではなかった。すべてを内製したフォード社は、やがてマネジメント不能に陥った。今日では、すべてを傘下に入れるという考えそのものが無効になっている。一つの原因は、企業活動に必要とされる知識が高度化し、専門化したためだった。内部で維持するには費用がかかりすぎるものとなった。しかも、知識は常時使わなければ劣化する。それゆえ、時折の仕事を内部で行なっていたのでは成果をあげられなくなる。

もう一つの原因は、コミュニケーション・コストが軽視しうるほど安くなったためだった。それはIT革命以前の、ごく普通のビジネス能力の拡がりによるものだった。

ロックフェラーのころは、帳簿やビジネス用語を知っている者さえ探すのに苦労した。初歩的な経営書もセミナーもなかった。そのため当時は、コミュニケーション・コストが高くついた。しかし六〇年後の一九五〇年、六〇年には、高年の社員さえビジネス能力に心配はなくなった。

今日にいたっては、インターネットやeメールのおかげで、コミュニケーション・コストはコストとさえいえないところまで下がった。

加えて、もっとも生産的なマネジメントは、統合ではなく分散であることが明らかになった。あらゆる活動がそうなった。その結果、まず初めにIT関連業務、データ処理、コンピュータ・システムのアウトソーシングが一般化した。

一九九〇年代の初めには、アップルその他、アメリカのコンピュータメーカーが、ハードウェアの生産さえ日本やシンガポールにアウトソーシングするようになった。九〇年代の終わりには、日本の家電メーカーが、アメリカ向け製品の生産をアメリカ企業にアウトソーシングするようになった。

ごく最近にいたっては、多くの企業が、採用、解雇、教育、給与、手当て、人事、厚生の業務を包括して雇用業務代行会社（PEO：プロフェッショナル・エンプロイヤー・オーガニゼーション）にアウトソーシングするようになった。それら雇用業務代行会社に業務をアウトソーシングするクライアント企業の社員総数は、すでに二〇〇万人を越えた。産業としてスタートして一〇年そこそこにもかかわらず、雇用業務代行業は現在年率三〇％で成長している。

当初は中小企業の雇用関係業務を代行していたものが、今日では、一九九八年に設立され、すでに業界最大手になっているエグザルト社のように、米英系の大手石油会社ＢＰやコンピュータメーカーのユニシスなどフォーチュン五〇〇社クラスの大企業をクライアントにするにいたっている。

大手経営コンサルタントのマッキンゼーの調査によれば、この種のアウトソーシングはコストを三〇％下げ、しかも社員満足を増大させるという。

第四に、今日では情報をもっているのは顧客のほうである。まだインターネットには、探したいものをすぐに見つけてくれる電話帳のようなものは現われていない。クリックして探し回らなければならない。しかし、情報はどこかのサイトにある。事実、それらの情報を探してくれるサーチ会社が急速に伸びている。

情報をもつ者が力をもつ。こうして、いまや最終消費者であろうと企業であろうと、買い手に主導権が移行した。要するに、供給者たるメーカーは、売り手であることをやめ、消費者のための買い手にならなければならなくなったということである。これはすでに起こっていることである。

昨年、世界最大のメーカーＧＭが、最終消費者のための買い手となることを発表した。ＧＭ出資のその子会社は、ＧＭだけでなく、ユーザーの好みと予算に合わせてどのメーカーの車でも扱うという。

秩序の崩壊

第五に、もはやいかなる産業、企業にも、独自の技術というものがありえなくなった。産業として必要とする知識が、馴染みのない異質の技術から生まれるようになった。電話会社は、ファイバーグラスについては何も知らなかった。開発したのはガラス・メーカーのコーニング社だった。

逆に、世界一の企業研究所だったベル研究所の第二次大戦後の発明の半分以上が、電話産業以外のところで使われた。その典型が、この五〇年間における最大の発明品トランジスタだった。AT&Tはこの大発明の使途を想定しえず、ほとんどただ同然でライセンスを与えていった。初めにソニー、続いて他の日本企業が電子機器産業で成長できたのはそのおかげだった。

今日では、ベンチャーの起業家だけでなく、大企業の研究部長さえ、一九世紀の偉大な発明だった企業研究所を陳腐化した存在と見るようになった。

事業の発展は、企業の内部からではなく、他の組織や技術とのパートナーシップ、合弁、提携、少数株式参加、ノウハウ契約からもたらされるようになった。企業と大学の学部、市役所や州政府と道路清掃や刑務所管理を請け負う企業というように、異質の組織間の提携という五〇年前には考えられなかったことが当たり前になっている。

そのうえ、いかなる製品やサービスといえども、最終用途、利用範囲、市場を独占することができなくなった。商業金融に対してはコマーシャル・ペーパーが現われ、ガラス瓶に対しては紙パック、プラスチック容器、アルミ缶が現われた。家の間柱には木材、鉄やプラスチックが使われている。生命保険は年金に押され、金融サービス業は生命保険に押されている。

その結果、ガラス・メーカーのような素材産業でさえ、使う原材料ではなく、得意とする事業によって自らを再定義しなければならなくなった。

世界最大手のコーニング社は、ガラス製品部門を売却し、ハイテク原材料のメーカー兼販売会社へと変身した。アメリカ最大の製薬会社メルクは、競争相手の製品も扱う医療品問屋へと変身した。

同じことは企業以外の組織でも起こりつつある。大病院の産婦人科の競争相手として、数人の産科医からなる産科クリニックが登場した。イギリスではインターネットが普及する前に、教室に行かずとも学位を得られるオープン・ユニバーシティが生まれた。

近代企業のコンセプトの変化

すでに一つのことが確実である。間もなく多様な企業モデルが生まれる。

近代企業は、アメリカ、ドイツ、日本の三カ国で、ほぼ同時に、かつ互いに関係なく生まれた。それは、それまでの個人会社とは似たところさえない異質のものだった。

民間経済についての最初の統計、イギリスの『マクレーン報告』（一八三二年）によれば、当時ほとんどの会社が一〇人以下の個人所有だった。例外として半政府機関のイングランド銀行と東インド会社があるだけだった。この『マクレーン報告』の四〇年後、最初の近代企業が現われた。アメリカの鉄道会社であり、ドイツのドイツ銀行だった。

近代企業といえども国による違いはあった。適用される法律も違った。だが、それよりも産業別の違いが大きかった。産業によって、企業風土、価値観、言葉が違っていた。銀行同士はどこも同じだったし、小売りやメーカー同士も同じだった。だが、銀行は小売りやメーカーとは違っていた。このことは、政府機関、軍、病院、大学などあらゆる近代組織についていえた。

ところが、一九七〇年ごろを境に状況が変わった。まず、年金基金と投資信託が企業の新しい所有者として登場したことによって変わった。続いて、さらに決定的な要因として、知識労働者が経済活動における最大の資源、社会における代表的な存在として登場したことによって変わった。もたらされたものは、近代企業なるもののコンセプトの変化だった。

ネクスト・ソサエティにおいても、銀行が病院に似てくることはない。病院のようにマネジメントされることもない。しかし、銀行そのものが多様化する。労働力、技術、市場の変化への対応の違いによって多種多様となる。特に組織とその構造、働き手への報い方について多様なモデルが生まれる。

多様な人間組織

しかも、企業、政府機関、NPOのいずれもが、独自にマネジメントされつつ、密接に連携する多様な人間組織を複数もつことになる。

もちろん、それらのなかにはフルタイムで働く従来型の正社員からなる組織がある。同時に、密接なつながりをもちつつも別個にマネジメントされる組織として、社員ではなく嘱託として働く高年者からなる組織がある。周辺的な存在として、フルタイムではあっても社員としての契約関係がなく直接の管理下にはない人たちの組織、すなわちアウトソーシング先の組織がある。それら自らの管理外にありながら、しかも成果をあげてもらわなければならない人たちからなる組織が増えてくる。

それらの人たちの知識に貢献してもらわなければならない。だがそのための具体的な方法は、今日ナレッジ・マネジメントがしきりに言われているにもかかわらず、まだ試行錯誤の段階にある。

意欲の源泉

実はこれら多様な組織形態のもとにある人たちこそ、仕事に満足できなければならない。そのような人たちを惹きつけ留まってもらうことが、人事の中心課題となる。何が役に立たないかは明らかである。金で釣ることである。

アメリカではこの一〇年、二〇年というもの、多くの企業が、知識労働者を惹きつけ留めておくために、ボーナスとストックオプションを使ってきた。そして、すべて失敗してきた。

昔から、手だけを雇うわけにもいかない、必ず人がついてくると言われてきた。だが、人だけを雇うわけにもいかない。配偶者がついてくる。配偶者がストックオプションをあてにしても、減益となって株価が下がれば一文の価値もない。そのとき、本人もその配偶者も裏切られたことを知る。

知識労働者にとっても、報酬は大事である。報酬の不満は意欲をそぐ。しかし意欲の源泉は、金以外のところにある。

知識労働者のマネジメントは、彼らが組織を必要とする以上に、組織が彼らを必要とするとの前提のもとに行なわなければならない。彼らは、いつでも辞められることを知っている。働く場を変わる能力をもち、自信をもつ。要するに、ＮＰＯのボランティアのように扱い、マネジメントしなければならない。

知識労働者にとって重要なことは、第一に組織が何をしようとしており、どこへ行こうとしているかを知ることである。第二に、責任を与えられ、かつ自己実現することである。もっとも適したところに配置されることである。第三に、継続学習の機会をもつことである。そして、何よりも敬意を払われることである。彼ら自身よりも、むしろ彼らの専門分野が敬意を払われることである。

これらのことに関しては、知識労働者はかつての肉体労働者のはるか先を行く。参画が強調されるようになりはしたが、かつての肉体労働者は、何をなすべきかは指示されるものとしていた。これに対し知識労働者は、自らの専門分野では自らが意思決定を行なうべきものとする。

企業体から連合体へ

今日の組織のコンセプトと構造は、八〇年前にＧＭが発展させたものである。トップマネジメントのコンセプトを生み出したのもＧＭだった。

ところが、そのＧＭが多様な組織モデルを模索中である。ＧＭは、所有権に基づく管理権限によって事業活動の統合を図る企業モデルから、マネジメントによって統合を図る連合体へと変身しようとしている。所有権については少数株式の保有にとどめている場合も少なくない。

今日ＧＭは、由緒ある大手自動車メーカーのフィアットをマネジメントしているが、所有はしていない。スウェーデンのサーブや日本のスズキ、いすゞについても、ＧＭはマネジメントをしているだけである。

他方、ＧＭはデルファイなる新会社を設立し、自動車の生産コストの六割から七割を占める部品部門を分離した。しかも将来は、部品メーカーの所有やマネジメントからも手を引き、オークション形式のｅコマースによって部品を調達するという。すでにフォード社とダイムラー・クライスラー社という二大ライバルと手を組み、世界中どこからでも部品を調達する購買組合的な仕組みを立ちあげた。他のメーカーにも広く参加を呼びかけている。

ＧＭは車を設計し、エンジンをつくり、組み立てを行なう。そして自らのディーラー網を通じて販売する。加えて、ＧＭは自社製品にこだわることなく、ユーザーのための最適の車を探す自動車商人になろうとしている。

トヨタ生産方式の展開

ＧＭは依然として世界最大の自動車メーカーである。しかし過去二〇年間、もっとも成功してきた自動車メーカーがトヨタである。

トヨタもＧＭと同じように世界的に事業を展開している。しかし同社は、製造における自らのコア・コンピタンス（中核的強み）を中心に事業を組み立てようとしている。現在、すべての部品の調達を二社以内とすべく、部品メーカーの絞り込みを行なっているところである。しかも、それら独立した部品メーカーの生産活動のマネジメントの面倒を見ていくことにしている。それらの部品メーカーは、トヨタの生産コンサルティング組織からの助言と指導を条件に、部品納入を契約する。そして、トヨタがそれら部品の設計のほとんどを行なう。

何も新しい方式ではない。一九二〇年代から三〇年代にかけて、シアーズが納入業者との間で行なっていた方法である。今日苦境にあるイギリスのマークス・アンド・スペンサーが、小売業における五〇年にわたる優位性を維持できたのも、この納入業者との密接な関係のおかげだった。

トヨタでは、最終的には、自らの製造に関わるコア・コンピタンスを事業化し、そのコンサルティング業務を自動車以外のメーカーにも提供するという。

新たなビジネスモデル

ある大手消費財ブランドメーカーが着手した新しい事業もある。このメーカーでは製品の六割を一五〇の小売りチェーンを通じて販売している。さらに現在、eコマースによって世界中の消費者から直接注文を取り、近くの小売店に取りにきてもらうか、小売店のほうから配達するシステムを構築中である。

しかもこのメーカーは、まさにこの部分がイノベーションと呼ぶべきものであるが、他のメーカー、特に中小メーカーの自社製品と競合しないあらゆる商品を扱うことにしている。商品をスーパーの棚に並べられない中小のメーカーのお役に立とうというわけである。

グローバルなインターネットが、それらの中小のメーカーに対し、世界中の消費者に対するアクセスと、既存の小売り網による配達を可能にする。そして、この大手消費財メーカーと小売りチェーンは、新たに投資を行なうことなく、リスクを冒すこともなく、動きの鈍い商品に売り場を占領されることもなく、正当なマージンを手にする。

新しいビジネスモデルについては、すでに多様な例がある。すでに紹介したように、アメリカのあるメーカーは、競争関係にある日本の電子機器メーカー数社の下請けになっている。あるソフトウェア会社は、これも競争関係にあるハードウェア・メーカーのためにソフトの設計を行なっている。あるカード会社は、銀行のためにカード事業の立ち上げ、マーケティング、請求業務を行なっている。銀行が行なうのは資金の供給だけである。

とはいえ、ここにあげた例は、すべて在来型の企業モデルに基づいて事業を行なっている。ところが今日では、旧来の企業のコンセプトに従わないものまで現われている。

その一つが、EUに最近設立された異業種によるシンジケートである。すべて同族経営の中堅企業がメンバーである。いずれも、高度のエンジニアリングを必要とする製品のリーダー的地位にある企業であって、かつ輸出依存度の高い企業である。それぞれがあくまでも独立性を維持し、独自の製品を開発する。それぞれが自社の工場で生産し、独自の市場をもつ。

ところが新興国や途上国の市場については、シンジケートがメンバーのために所有する工場や、シンジケートがアレンジした現地の下請け工場で生産を行なう。それらの市場では、シンジケートが製品の販売と流通を引き受け、アフターサービスを行なう。シンジケートはメンバー企業によって分担所有され、シンジケートのほうもメンバー企業の株式を若干保有する。

この事業形態については思い当たることがあるはずである。モデルとなったのは、一九世紀の農業協同組合である。

（二〇〇二年）

第6章　トップマネジメントが変わる

トップマネジメントの責任

企業形態が独立企業のシンジケートや連邦にまで進むことから、権限と責任をもつ独立した機関としてのトップマネジメントの構築がさらに重要となる。それは、方向、戦略、価値、原則、構造、内部関係、外部提携、パートナーシップ、合弁、さらには研究、開発、設計、イノベーションに責任を負う。そして、何よりも二つの基礎資源、人と金のマネジメントに責任をもつ。組織全体を代表し、政府、世論、マスコミ、労組との関わりに責任をもつ。

トップマネジメントの仕事

ネクスト・ソサエティにおいて、トップマネジメントたるものは、組織の三つの側面をバランスさせなければならない。すなわち、経済機関、人的機関、社会機関としての側面である。

この五〇年間に、これら三つの側面をそれぞれに強調するモデルが別個に発展した。ドイツで発展した社会市場経済のモデルは組織の社会的側面を重視した。日本の会社主義のモデルは人的側面を重視した。アメリカの株主主権のモデルは経済的側面を重視した。

だが三つのモデルは、いずれも不完全だった。ドイツ型モデルは経済発展と社会的安定をもたらしたが、その代償として、高い失業率と労働市場の危険なまでの硬直性をもたらした。日本型モデルも約二〇年にわたって成功を収めたが、いまや初めての難局に直面してあえいでいる。今日の不振から脱しえない原因の一つとさえなっている。アメリカ型の株主主権のモデルも危機に直面しつつある。それはいわば好天用のモデルであって、経済が好調なときにしか有効に機能しない。

もちろん、組織の社会的側面や人的側面を満足させるためには、経済的側面が有効に機能しなければならない。とはいえ、知識労働者が働く人たちの中核となったからには、組織が成功するためには、雇用主としても望ましい存在でなければならない。

経済的側面の重視は、株主主権の考えを成立させただけではない。それは今日、社会的側面の重要性を際立たせつつある。一九六〇年から七〇年にかけて登場し、株主主権の考えを生みだした新種の株主はたんなる資本家ではなかった。株式に投資した年金基金を通じ、企業を所有するにいたった年金加入者だった。すでにアメリカでは、年金基金と投資信託が大企業の発行済み株式の過半を保有している。

株主主権は短期の見返りを要求した。しかし、年金の給付を確実なものにするためには、投資の将来価値を増大させなければならない。そのため企業は、短期の利益と長期の業績をバランスさせなければならなくなった。両者は対立しない。別のものとしてバランスさせなければならない。

トップマネジメントの危機

この一〇年か二〇年の間に、企業のマネジメントが大きく変わった。そのためもあって、何人かのスーパーマン的CEOが現われた。GEのジャック・ウェルチ、インテルのアンディ・グローヴ、シティグループのサンフォード・ウェイルだった。

しかしわれわれは、組織のマネジメントをスーパーマンの出現に頼むわけにはいかない。かかる人材はあまりに少なく、いつ現われるかもわからない。組織に必要とされるものは、真摯に仕事をする有能なトップマネジメントであって、超人ではない。今日何人かのスーパーマン的なトップがいるということ自体が、トップマネジメントの危機を表わしている。

逆に、最近あまりに目にすることの多いトップの失脚も、同じ事実を表わしている。この一〇年ほど、就任の一両年後に失脚するトップがあまりに多い。彼らはみな、その仕事ぶりと成功の積み重ねによってトップになった人たちだった。これは、彼らの仕事がもはや誰にもこなせないものになったことを示している。

アメリカの大企業で起こっている一連の失脚劇は、人物の欠陥ではなく、システムの欠陥を示している。いままさに、トップマネジメントに関して新しいコンセプトが必要とされている。

新たなコンセプト

すでにその新しいコンセプトに折り込むべき材料は手に入りつつある。GEのジャック・ウェルチがつくりあげたトップマネジメント・チームでは、CFO（チーフ・フィナンシャル・オフィサー、最高財務責任者）とCHO（チーフ・ヒューマンリソース・オフィサー、最高人事責任者）が、CEO（チーフ・エグゼクティブ・オフィサー、最高経営責任者）とほぼ肩を並べる地位を与えられている。しかしこの二つのポストにある者は、いずれも次期CEO候補からは外されている。

さらにウェルチは、彼自身と彼のチームが最優先に取り組むべきことを明らかにし、それを公表していた。彼は二〇年間のトップ在職中に、三つの分野に順次力を入れた。それぞれに五年少々の時間をかけた。その間は、他のあらゆることを現業部門それぞれのトップマネジメントに任せていた。

スウェーデンとスイスの企業アセア・ブラウン・ボベリ（ABB）では、別のアプローチを採用している。今年引退した前CEOのゴラン・リンドールは、分野別に事業を世界展開することとし、それら事業の現業とは関係のない者からなる強力なトップマネジメント・チームをつくった。同時に、彼自らワンマン情報システムとして世界を股にかけ、経営幹部の一人ひとりから話を聞き、会社全体の動きについて話をして回った。

ある金融サービス会社では、さらに別の試みを行なっている。CEOを一人でなく六人任命している。CEOは会長と五つの事業部門のトップである。彼ら全員が、戦略計画や人事などトップマネジメントの仕事を分担している。外の世界に対して会社を代表しているのは会長である。現在の会長は資金の確保、配分、管理にも責任をもっている。彼らは週二回、トップマネジメント委員会で会う。

この仕組みは、たまたま五人の事業部門の長が会長職よりも現業の仕事に関心をもっているためにうまくいっている。しかし、このシステムの発案者である現会長でさえ、自らが引退したあともこのシステムが有効に機能するかどうかについては自信がない。

組織としての個の確立

これらのトップマネジメントがそれぞれの方法で行なおうとしていることは、実はみな同じである。会社としての個の確立である。ネクスト・ソサエティにおけるトップマネジメントの最大の仕事が、組織としての個の確立である。

第二次大戦後の半世紀間、企業はその経済的側面、すなわち価値と雇用の創出において大きな成功を収めてきた。しかし、ネクスト・ソサエティにおける企業とその他の組織の最大の課題は、社会的な正統性の確立である。すなわち、価値、使命、ビジョンの確立である。ネクスト・ソサエティにおいては、まさにトップマネジメントが組織そのものである。他のものは、すべてアウトソーシングの対象となりうる。

企業は生き残れるか。生き残れる。ただし、そのためには変革が必要である。

たとえネクスト・ソサエティであっても、経済的資源を生かすためのものとして、今日の企業に似た何かを必要とする。法的には、そしておそらくは財務的にも、それらは今日の企業とほとんど同じものに見えるかもしれない。しかしそこにあるものは、みなが真似るべき単一のモデルではなく、いずれをも採用しうる多様な組織モデルである。

（二〇〇二年）

第7章　ネクスト・ソサエティに備えて

未来組織のあり方

ネクスト・ソサエティはまだ到来していない。しかし、ネクスト・ソサエティに備えてとるべき行動については検討できる段階にきている。

企業その他ほとんどあらゆる組織が、自らの組織構造について実験し、提携やパートナーシップ、あるいは合弁のあり方について試行し、トップマネジメントの構造と役割について見直しを行なうべきときがきている。グローバル企業においては、世界展開と製品多角化について新しいモデルを検討することが必要となっている。集中と多角化のバランスについて新しいモデルが必要となっている。

人事管理が変わる

これまであらゆる組織が、働き手はすべて解雇、辞職、退職、死亡のないかぎり、フルタイムで働き続ける正社員であるとの前提で人事管理を行なってきた。

今日の人事部はいまだに、コストのもっとも安い、もっとも望ましい労働力は若年社員であるとしている。特にアメリカでは、高年の管理職や専門家が、コストが安く最新の技能をもつとされている若年社員に場所を譲るべく早期退職に追いこまれている。

結果は芳しくない。二年後には、新たにリクルートした若年社員のコストが、出ていった高年社員のコストと同じになっている。生産額や販売額の伸びと社員数の伸びは、ほぼ一定である。若年社員が高年社員よりも生産性が高いとはかぎらない。しかも今日の人口構造の変化が、やがてそのような雇用政策を自壊的かつ高コストなものにしていく。

ここにおいて第一に行なうべきことは、雇用関係の有無にかかわらず、事業のために働く者すべてを対象とする人事を確立することである。つまるところ、彼ら全員の仕事ぶりが重要だからである。だが今日のところ、この問題への満足すべき答えはない。

第二に行なうべきことは、定年に達した人たち、契約ベースで仕事を行なう人たち、つまり非正社員を惹きつけ、留め、活躍してもらうことである。経験と能力のある高学歴の高年者を引退させることなく、内部化したアウトサイダーとして継続した関係をもち続けてもらうことである。彼らの能力と知識を維持するとともに、彼らに対しては柔軟性と自由を提供することである。

すでによい見本がある。産業界ではなく学界にある。講座を手放して引退し、定額収入のなくなった教授に与えられる名誉教授のポストである。望むならば教えることを続けられる。報酬は授業のコマ数に応じたものとなる。完全引退する名誉教授もいるが、半数はパートタイムで教え続けている。企業においても、高度の専門家についてはこれと同じ仕組みが必要である。アメリカのある大企業では、法務、税務、研究開発などのスタッフ的な仕事について、一流の人材を確保するためにこの仕組みを試行中である。ただし製造や販売など現業の人たちについては、別の方法が必要かもしれない。

外部の情報

驚かれるかもしれないが、今日マネジメントは、ＩＴ革命によってかえって必要な情報をもてなくなった。手にするデータは増えたが、ほとんどが組織の内部についてのものである。

すでに述べたことから明らかなように、組織にとってもっとも重要な変化とは、今日の情報システムでは把握できない外部の変化である。外部の世界についての情報は、ほとんどの場合コンピュータを利用できる性格のものではない。分類もされなければ、定量化もされない。

実はこれこそが、ＩＴ関係者やそのユーザーたる経営幹部が、外の世界についての情報を例示にすぎないとして軽視する原因とさえなっている。しかも、これまで経験した世界が永遠に続くものと錯覚している経営幹部があまりに多い。

ところが、この外部の世界の情報が、ついにインターネットで手に入るようになった。依然としてばらばらではある。しかしようやくマネジメントは、外部の世界についての情報システムをつくるための一歩を踏み出すことができるようになった。すなわち、いかなる外部の情報が必要かを考えることができるようになった。

チェンジ・エージェントたれ

組織が生き残りかつ成功するためには、自らがチェンジ・エージェント、すなわち変革機関とならなければならない。変化をマネジメントする最善の方法は、自ら変化をつくりだすことである。経験の教えるところによれば、既存の組織にイノベーションを移植することはできない。組織自らが、全体としてチェンジ・エージェントへと変身しなければならない。

そのためには、第一に、成功していないものはすべて組織的に廃棄しなければならない。第二に、あらゆる製品、サービス、プロセスを組織的かつ継続的に改善していかなければならない。すなわち日本でいうカイゼンを行なわなければならない。第三に、あらゆる成功、特に予期せぬ成功、計画外の成功を追求していかなければならない。第四に、体系的にイノベーションを行なっていかなければならない。

チェンジ・エージェントたるための要点は、組織全体の思考態度を変えることである。全員が、変化を脅威でなくチャンスとして捉えるようになることである。

未来は予測しがたい方向に変化する

これらのことが、すでに形をとりつつあるネクスト・ソサエティのために備えるべきことである。

それでは、われわれが気づいてさえいない未来の事象や流れとして、いかなるものがありうるか。ここで自信をもって予測できることは、未来は予測しがたい方向に変化するということだけである。

そもそもIT革命の行方がそうである。IT革命については誰もが二つのことを当然としている。一つは、まったく前例のないスピードで進展しつつあるということ、もう一つは、まったく前例のない根源的な影響をもたらしつつあるということである。だが、これらはまちがいである。いずれもまちがいである。

そのスピードと影響の大きさにおいて、今日のIT革命には、この二〇〇年間に酷似した二つの前例があった。一つは一八世紀から一九世紀初めにかけての第一次産業革命であり、もう一つは一九世紀後半の第二次産業革命である。

一七七〇年代の半ばに、蒸気機関の実用化によってジェームズ・ワットが引き金をひいた第一次産業革命は、想像力を刺激したものの、社会や経済そのものにはそれほど大きな影響を与えなかった。真に革命的な変化をもたらしたのは、一八二九年の鉄道の発明であり、その一〇年後の料金前納制の郵便制度の発明であり、電報の発明だった。

一九四〇年代半ばに出現したコンピュータは、この第一次産業革命における蒸気機関に相当するにすぎない。人々の想像力は刺激したが、IT革命として経済と社会に真の革命をもたらしたのは、その四〇年後、一九九〇年代に全世界に拡がったインターネットのほうだった。

今日われわれは、所得と富の不平等の拡大と、マイクロソフトのビル・ゲイツをはじめとするスーパー・リッチの出現に驚かされ、重大な懸念をもつにいたっている。しかし、同じように不可解ともいうべき不平等の拡大とスーパー・リッチの出現は、二つの産業革命時にも見られた。しかも平均との乖離で見るならば、当時のスーパー・リッチのほうが、今日のビル・ゲイツよりもはるかに多くの所得と富を手にしていた。

今日の状況と二つの産業革命とのあまりの類似性は、ＩＴ革命のネクスト・ソサエティに与える真に革命的な影響は、いよいよこれからであることを示している。

二つの産業革命の後の一九世紀という世紀は、一六世紀以降、制度と思想のイノベーションにおいてもっとも実り豊かな時代となった。

第一次産業革命によって、工場が中心的な生産の場となり、主たる富の創出者となった。製造業労働者が、一〇〇〇年前の甲冑の騎士以来の新種の社会階層として登場した。一八一〇年には、ロスチャイルド家が世界で最初の投資銀行として、一五世紀のハンザ同盟とメディチ家以来のグローバル組織となった。第一次産業革命の後、知的所有権、株式公開、有限責任、労働組合、協同組合、工科大学、新聞が生まれた。

これに続く第二次産業革命によって、近代公務員制度、近代企業、商業銀行、ビジネススクール、そして奉公人以外の諸々の女性職業が生まれた。

二つの産業革命によって、新たな理念と制度が生まれた。第一次産業革命への反作用として『共産党宣言』が生まれた。ビスマルクの福祉国家、イギリスのキリスト教社会主義、フェビアン主義、アメリカの企業規制など、二〇世紀の民主主義を構成することになった諸々の理念と制度が生まれた。一八八一年には、やがて全世界に爆発的な生産性の向上をもたらすことになった、フレデリック・ウィンスロー・テイラーによる科学的管理法（サイエンティフィック・マネジメント）が生まれた。

新たな制度と理念の誕生

こうしてわれわれは、IT革命の後においても新たな理念と制度の誕生を目にすることになる。すでにEU、NAFTA、南米のメルコスールなどの地域共同体は、従来の意味における自由貿易主義でも保護貿易主義でもない。それらのものが目指しているのは、国民国家の経済主権と超国民国家の意思決定権とのバランスである。

これら地域共同体と同じように前例のない新しい存在として、世界の金融の新たな主役となったシティグループ、ゴールドマン・サックス、INGベアリングなどの金融サービス機関がある。それらの企業はかつての多国籍企業ではない。グローバル企業である。しかも彼らが扱うグローバル・マネーは、いかなる政府、いかなる中央銀行の管理下にもない。

そして、経済の唯一の安定的状態としての動的均衡、経済の動因としてのイノベーターによる創造的破壊、経済の変化要因としての技術に関するジョセフ・シュンペーターの理論への関心、すなわち均衡を経済の健全な状態とし、財政政策と通貨政策を経済の動因とし、技術を外生変数としてしか扱えないこれまでの経済理論へのアンチテーゼに対する関心の高まりがある。

これらのことすべてが、われわれの前に最大級の挑戦が横たわっていることを教える。われわれは二〇三〇年の社会が、今日の社会とは大きく違い、しかも今日のベストセラー作家たる未来学者が予測するいかなるものとも、似ても似つかないものになることを予感している。

ネクスト・ソサエティとは、ＩＴだけが主役の社会ではない。もちろん、ＩＴだけによって形づくられる社会でもない。ＩＴは重要である。しかし、それはいくつかの重要な要因の一つにすぎない。

ネクスト・ソサエティをネクスト・ソサエティたらしめるものは、これまでの歴史が常にそうであったように、新たな制度、新たな理念、新たなイデオロギー、そして新たな問題である。

（二〇〇一年）

第Ⅱ部

ＩＴ社会のゆくえ

第1章　IT革命の先に何があるか？

eコマースが世界を変える

ＩＴ（情報技術）革命のインパクトは現われはじめたばかりである。

問題は、情報そのもののインパクトではない。人工頭脳のそれでもない。意思決定や政策や戦略に対するコンピュータのそれでもない。一〇年、一五年という、ついこの間まで予測どころか話題にもなっていなかったもの、すなわちｅコマースのインパクトである。製品やサービスの取引にとどまらず、知識労働者の求人求職にさえ使われるようになった、大流通チャネルとしてのインターネットが与えるインパクトである。

ｅコマースは経済、市場、産業構造を根底から変える。製品、サービス、流通、消費者、消費行動、労働市場を変える。さらにはわれわれの社会、政治、世界観、そしてわれわれ自身にインパクトを与える。

これらの変化に続いて、いくつかの予想もつかない新産業が出現する。すでにバイオテクノロジーが現われた。水産の養殖が現われた。一万年前に陸上で起こったように、海洋においても、採集と狩猟から農耕と牧畜の時代に入る。ほかにも新技術が新産業を生んでいく。それが何であるかはわからない。しかし、新技術と新産業が現われることだけは確実である。遠い先のことではない。

それらの新産業のうち、多くがコンピュータやITと直接関わりをもたないであろうことも確実である。それらの新産業は、バイオや養殖のように予想外の技術から生まれる。

もちろん、これは予測にすぎない。しかし、一四五五年のグーテンベルクの印刷革命以降今日までの五〇〇年間において、他の技術主導の革命がたどった道から容易に推定される。さらには、一八世紀後半から一九世紀前半にかけての産業革命がたどった道からも予測される。すでにIT革命の最初の五〇年が示しているとおりである。

蒸気機関の役割

今日IT革命は、産業革命における一八二〇年代の段階にある。ジェームズ・ワットの蒸気機関が産業用として初めて綿紡績に使われた一七八五年から、およそ四〇年が経っていた。IT革命において、産業革命における蒸気機関に相当するものがコンピュータである。いずれも革命の導火線であり、象徴だった。

今日のIT革命ほど進行が速く、大きなインパクトを与えるものはないと誰もが思っている。しかし実際には、産業革命もほとんど同じ速さで進行し、ほぼ同じ大きさのインパクトを与えた。一八世紀から一九世紀にかけての、もっとも重要な製造業製品である繊維の生産をはじめとして、製造プロセスのほとんどを機械化した。

ムーアの法則によれば、ＩＴ革命の基本財であるマイクロチップは一年半で半値になっていく。産業革命で生産が機械化された製品にも同じことが起こった。綿繊維の価格は、一八世紀の初めから五〇年で九割安くなった。その間、生産量はイギリスだけで一五〇倍になった。繊維製品ほど目立たなかったが、紙、ガラス、皮革、レンガの生産も機械化された。

その影響は消費財にとどまらなかった。たとえば、鉄鋼や鉄製品が蒸気機関の力によって機械化され、コストと価格を下げ、生産量を伸ばした。ナポレオン戦争が終わるころには、銃器の生産にも蒸気機関が使われた。生産のスピードは二〇倍になり、コストは三分の一に下がった。アメリカではホイットニーのマスケット銃の生産が機械化され、最初の大量生産産業となった。

わずか四、五〇年の間に、工場と労働者階級が生まれた。一八二〇年代には、統計的にはたいした数ではなくとも、社会心理的にはきわめて大きな存在になった。やがて、政治的にも侮れない存在になった。

アメリカにさしたる工場がまだなかった一七九一年、アレグザンダー・ハミルトンが『製造に関する報告書』において来るべき工業化を予測した。その一〇年ばかり後の一八〇三年、フランスの経済学者ジャン＝バティスト・セイが、産業革命が起業家を生みだし経済の変革をもたらしたと指摘した。

産業革命が社会に与えたインパクトは、工場と労働者階級の出現をはるかに超えるものだった。歴史家ポール・ジョンソンの『アメリカ人の歴史』（一九九七年）によれば、奴隷制の復活をもたらしたものは蒸気機関を手にした繊維産業だった。建国の父たちが事実上消滅したと見た奴隷制が、綿繰り機による低コスト労働への爆発的な需要の増加によって復活した。その後数十年にわたって、奴隷の繁殖はアメリカでもっとも収益性の高い産業となった。

産業革命は家族にも大きなインパクトを与えた。それまでは家族が生産単位だった。農家の畑や職人の作業場では、夫、妻、子供が一緒に働いていた。ところが人類史上初めて、工場は働く者と仕事を家から引き離し、職場へ移した。家には工場労働者の配偶者が残された。産業革命初期のころには、年少者が親から引き離された。

実のところ、家族の崩壊は第二次大戦後に現われた問題ではなかった。それは産業革命によって生まれ、産業革命に反対する人たちの懸念どおりに進行した。労働と家族の分離、及びその影響の大きさは、チャールズ・ディケンズの小説『ハード・タイムズ』（一八五四年）に見ることができる。

ところが、これだけ大きなインパクトを与えた産業革命が、実際に最初の五〇年間にしたことは、産業革命以前からあった製品の生産の機械化だけだった。たしかに生産量を大幅に増やし、生産コストを大幅に下げた。大衆消費者と大衆消費財を生み出した。しかし、製品そのものは産業革命の前からあった。そこに見られた変化は、標準化されて品質のばらつきがなくなり、欠陥が少なくなったことだけだった。

この五〇年間に現われた新製品は、一八〇七年にロバート・フルトンがつくった蒸気船だけだった。しかも、蒸気船は三〇年から四〇年というもの、さしたるインパクトをもたなかった。事実、一九世紀も終わり近くになるまで、世界の海上輸送の主役は、蒸気船ではなく帆船だった。

世界観を変えた鉄道

やがて、一八二九年に鉄道が現われ、世界の経済と社会と政治を一変させた。

いまから考えると、鉄道の発明がなぜあれほど遅れたのか不思議である。炭鉱では長い間レールが使われていた。人や馬ではなく蒸気機関を使ったほうがよいことは明らかだった。だが鉄道は、炭鉱からは生まれなかった。二つはまったく無関係だった。おまけに、その鉄道は貨物用ではなかった。それどころか長い間、人を運ぶためのものとされた。ものを運ぶようになったのは、三〇年後アメリカにおいてだった。

一八七〇年から八〇年代にかけて日本に雇われたイギリス人技師たちも、鉄道をもっぱら人を運ぶためのものとして設計した。

鉄道は、実際に発明されるまでは、そのようなものがありうることさえ気づかれなかった。ところがいざ発明されると、五年後には史上最大のブームが始まった。ヨーロッパでは不況によって終息する一八五〇年代まで三〇年続き、今日の主な鉄道のほとんどが建設された。アメリカではさらに三〇年続き、アルゼンチン、ブラジル、ロシアのアジア部、中国では第一次大戦まで続いた。

鉄道こそ、産業革命を真の革命にするものだった。経済を変えただけでなく、心理的な地理概念を変えた。人類が、初めて本当の移動能力を得た。初めて普通の人の世界が広がった。しかも、その結果生じた世界観の変化は、ただちに広く認識された。

この変化は、ジョージ・エリオットの小説『ミドルマーチ』(一八七一年)に見事に描かれている。

フランスの歴史家フェルナン・ブローデルの『フランスのアイデンティティ』（一九八六年）によれば、フランスを一つの国、一つの文化にしたものが鉄道だった。それまでフランスは、政治的には統一されていたものの、自己完結した地域の集合体にすぎなかった。アメリカの西部開拓が鉄道によるものだったことは、いまでは常識である。

プロセスのルーティン化

二世紀前の産業革命の初期のころと同じように、一九四〇年代半ばにコンピュータの出現とともに始まったＩＴ革命は、今日までのところ、ＩＴ革命の前から存在していたもののプロセスを変えたにすぎない。情報自体にはいささかの変化ももたらしていない。四〇年前に予測された変化は一つとして起こっていない。意思決定の仕方も変わっていない。ＩＴ革命が行なったことは、昔からあった諸々のプロセスをルーティン化しただけだった。

ピアノの調律にかかる時間が三時間から二〇分になった。給与計算、在庫管理、配送管理、その他日常業務のためのソフトが開発された。かつて病院や刑務所の配管の製図には二五人で五〇日間もかかったが、いまでは一人の人間で二日間でできるようになった。一般の人に税の還付申請を教えるソフトや、レジデント医に胆のう摘出手術を教えるソフトがつくられた。証券会社に出かけて何時間もかかっていたことが、オンラインで行なえるようになった。

しかしプロセス自体は変わっていない。ルーティン化され、大幅な時間の節約とコストの削減があっただけである。

IT革命においてコンピュータが与えた心理的なインパクトは、産業革命における蒸気機関のそれと同じように大きい。その最大のものが勉強の仕方である。四歳でパソコンをいじりだした子供は、すぐに大人を追い越す。パソコンはおもちゃであると同時に、学習ツールである。

五〇年もすれば、二〇世紀末のアメリカには教育危機などなかった、二〇世紀型の学校での教え方と、二〇世紀末の子供たちの学び方との間に齟齬があっただけだったということになっているかもしれない。同じことは、活字と印刷機の発明によって起こった印刷革命の一〇〇年後、すなわち一六世紀の大学でも起こっていた。

しかし仕事の仕方については、いままでのところ、IT革命はすでにあったものをルーティン化したにすぎない。

唯一の例外は、二〇年ほど前に発明されたCD-ROMだった。オペラや大学の講義、あるいは作家の全作品が簡単に見られるようになった。しかしかつての蒸気船と同じように、ブームとなるにはいたっていない。

ｅコマースがもたらす革命

ＩＴ革命におけるｅコマースの位置は、産業革命における鉄道と同じである。まったく新しく、まったく予想外の展開である。そしていま、一七〇年前の鉄道と同じように、ｅコマースが新しい種類のブームを呼びつつある。経済と、社会と、政治を一変しつつある。

一例を紹介したい。一九二〇年代に創業し、現在創業者の孫が経営するアメリカ中西部のある中堅食器メーカーは、一〇〇マイル圏内のファストフード店、学校・病院の食堂に六割のシェアをもっていた。重くて壊れやすい食器は地域独占性が強かった。

ところが先ごろ、この会社があっという間にシェアを半分以上失った。ある病院の食堂に勤める誰かが、ネットサーフィン中に、航空宅急便で取り寄せても安く、しかも品物のよいヨーロッパ製品があることを発見したのだった。大口顧客が次々に乗り換えていった。ヨーロッパ製であることを気にする者はいなかった。

鉄道が生んだ心理的な地理によって人は距離を征服し、ｅコマースが生んだ心理的な地理によって人は距離をなくす。もはや世界には一つの経済、一つの市場しかない。

このことは、地場の小さな市場を相手にする中小企業さえグローバルな競争力を必要とすることを意味する。競争は、もはやローカルたりえない。国境はない。あらゆる企業がグローバル化することを要求されている。

多国籍企業も、これまでと同じでは取り残される。たとえ世界中で生産し販売していても、それぞれの地ではあくまでもローカルな存在にとどまっている。だが、もはやローカルな存在ではありえない。商圏などというものもない。もちろん、どこで生産し、どこで販売し、いかに販売するかは重要である。だがあと二〇年もすれば、それらの意思決定さえ、どこで、何を、いかにするかとは関係のないことになる。

何が乗るかはわからない

しかし、何がｅコマースに乗り、何が乗らないかはわからない。流通チャネルとはそういうものである。

鉄道が経済的な地理と心理的な地理の両方を変えたのに比べ、なぜ蒸気船にはそれができなかったか、なぜ蒸気船ブームが起こらなかったかは誰にもわからない。

地元の小さな食品店からスーパーへ、スーパーからチェーンへ、チェーンからウォルマートをはじめとするディスカウント・チェーンへという流通チャネルの転換についても、それが与えるインパクトの中身はなかなか明らかにならなかった。明らかなことは、ｅコマースへの転換をもたらすものも予測しがたいということだけである。

ここにいくつかの例がある。二五年前には、二、三〇年もすれば、情報は家庭のディスプレイに電送されるようになると予測された。そうなれば、画面で見る者もいれば、プリントアウトする者もいるだろう。CD‐ROMもそのようにして使われるとされた。こうして各国の新聞社がオンラインサービスを始めたが、いまのところ金脈を掘り当てた者はない。

これに対し二〇年前に、やがて今日のアマゾン・ドット・コムやバーンズアンドノーブル・ドット・コムのような企業が現われ、書籍の注文をインターネットで受け、重い印刷物のまま送り届けるようになると予測したならば、一笑に付されたに違いない。ところが、両社はまさにそのような事業を展開している。私の近著『明日を支配するもの』のアメリカ版への最初の注文は、アマゾン・ドット・コムを通じてアルゼンチンからあった。

もう一つ例がある。一〇年ほど前に、ある自動車大手メーカーが、当時草創期にあったインターネットが自動車販売に与える影響について詳細な分析を行なった。

結論は、中古車の顧客はインターネットを使うだろうが、新車の顧客は依然として目で確かめ、手で触り、試乗することを望むだろうとしていた。ところが実際には、少なくともこれまでは中古車のほうが店で購入されている。これに対し、高級車以外の新車の半数はインターネットで購入されているといってよい。店に来る前にインターネットで決めている。しかしそれでは、自動車販売店という二〇世紀でもっとも利益率のよかった小売業の先行きはどうなるのか。

もう一つある。証券トレーダーは、一九九八年から九九年にかけてオンライン売買を増やしたが、投資家自体はオンラインから離れつつある。今日アメリカにおける投資ツールは投資信託が主流である。ところが、そのオンライン販売は二、三年前の五〇％から、二〇〇〇年には三五％、二〇〇五年には二〇％に減ると見られている。これは、一〇年あるいは一五年前に常識とされた予測とは逆である。

アメリカでは、今日もっとも急速に伸びているeコマースは、ついこの間まではビジネスとはみなされなかったもの、すなわちマネジャーや専門家の求人求職である。今日では世界の大企業の半数近くがインターネットで求人する一方、二五〇万人ものマネジャーや専門家がインターネットで履歴書を公開し、求人のオファーを求めている。しかもそのうち三分の二は、技術者でもコンピュータの専門家でもない。こうして、まったく新しい種類の労働市場が生まれている。

これらのことは、eコマースのインパクトについてもう一つ重要なことを教える。流通チャネルは、顧客が誰かを変える。顧客がどのように買うかだけでなく、何を買うかを変える。消費者行動を変え、貯蓄パターンを変え、産業構造を変える。ひとことで言えば、経済全体を変える。これがいまアメリカで起こりつつあり、他の先進国でも起こりはじめていることである。また、中国その他の新興国でも起こっていることである。

起爆に続く爆発

鉄道は産業革命を実体化した。革命を普遍の現実にした。鉄道が火をつけたブームは一〇〇年近く続いた。

しかも蒸気機関の技術は、鉄道が終着駅ではなかった。一八八〇年代から九〇年代にかけて、蒸気タービンが生まれた。さらに一九二〇年代から三〇年代にかけて、今日の鉄道マニアの宝であるアメリカの蒸気機関車の決定版が生まれた。

しかし、蒸気機関がらみの技術、さらには製造プロセスに関わる技術は、やがて舞台の中心から身を引いた。代わりに、鉄道の発明後に芽を出した新産業、しかも蒸気機関とは無縁の新産業が躍動を始めた。最初が一八三〇年代に現われた電報と写真であり、次が光学機器と農業機械だった。一八三〇年代の後半に始まったまったくの新産業、肥料産業が農業を変えた。公衆衛生が成長部門となり、伝染病の隔離、ワクチンの発明、上下水道の発達と続いた。こうして歴史上初めて、都市が農村よりも健康な住環境となった。麻酔もこのころ現われた。

これらの新技術に続いて、新たな社会制度が現われた。すなわち、近代郵便、新聞、投資銀行、商業銀行だった。いずれも蒸気機関どころか産業革命のいかなる技術とも関わりがなかった。しかし一八五〇年には、それらの産業と制度が先進国の産業と経済の様相を支配するにいたった。

国民国家を生んだ印刷革命

同じことは、近代社会を生みだした技術革命の第一号たる印刷革命のときにも起こった。一四五五年のグーテンベルクによる印刷機と活字の発明に続く五〇年間、印刷革命がヨーロッパを席巻し、その経済と心理を一変させた。

だが最初の五〇年間に印刷されたものは、主として何世紀もの間、修道士が筆写していた宗教書と古文書だった。その間に出版された七〇〇〇点の文献（版数にして三万五〇〇〇点）のうち、少なくとも六七〇〇点はそれら筆写されていたものだった。言葉を換えると、最初の五〇年間で、それらの文献が入手しやすくなり、安くなったということだった。

ところが、グーテンベルクの発明の六〇年後、ルターのドイツ語訳聖書が大量に印刷され、破格の安さで売られた。印刷革命は、このルターの聖書によって社会を変えた。プロテスタンティズムに道を開いてヨーロッパの半分を席巻させ、二〇年後には残った半分でカトリックに改革を行なわせた。ルターは、印刷という新しいメディアによって、一人ひとりの人間、彼らの生活と社会の拠りどころとしての宗教を再生させた。実に一五〇年に及ぶ宗教改革、宗教反乱、宗教戦争の口火を切った。

ちょうどルターが印刷によって宗教の再生を図ったころ、マキャヴェリが聖書や古代の著作からの引用のない千数百年ぶりの本『君主論』（一五一三年）を書いた。それは一六世紀のベストセラーとなり、もっとも悪名高くもっとも影響を与えるものとなった。続いて世俗的な書物、いわゆる文学作品が次々と出版された。小説や歴史、政治、科学、ついには経済の本まで出版された。

その後間もなく、純粋に世俗的な芸術様式としてイギリスに近代演劇が生まれた。新たな社会的機関として、イエズス会、スペインの常設軍、近代海軍、さらには国民国家が生まれた。つまるところ、印刷革命は三〇〇年後の産業革命がたどったと同じ道、今日のＩＴ革命がたどるに違いない道をたどった。

ＩＴ革命からいかなる新産業が生まれ、いかなる社会制度、社会機関が生まれるかはわからない。一五二〇年代当時、世俗的な本の出現など予想できなかったし、世俗的な演劇の出現も予想できなかった。同様に一八二〇年代当時、電報、写真、公衆衛生の出現は予想できなかった。

ＩＴ革命が生む新技術・新産業

しかし、絶対とまではいかなくともかなりの確率をもって予測できることがある。それは今後二〇年間に、相当数の新産業が生まれるであろうことである。しかもそれらのほとんどは、ＩＴ、コンピュータ、データ処理、インターネット関連ではないであろうことである。このことは歴史の先例が示している。すでに現われつつある新産業にも見られるとおりである。バイオであり、養殖である。

二五年前に、鮭はご馳走だった。普通の食事は鳥肉か牛肉だった。今日では鮭は特別のものではない。普通の食事である。それらの鮭は養殖である。鱒《マス》も同じである。他の魚もやがてそうなる。鰈《カレイ》もそうなる。

その結果、魚の品種改良が行なわれるようになる。牛、羊、鶏の家畜化がそれぞれの品種改良につながったのと同じである。

しかも、二五年前のバイオの段階にある新技術、すなわち登場寸前の新技術が目白押しである。いままさに生まれようとしている金融サービス業の商品もある。為替変動のリスクに対する保険である。あらゆる企業がグローバル経済に組み込まれたことによって、火災や洪水などの物理的なリスクに対応すべく産業革命の初期に今日の保険が現われたように、為替リスクに対応すべき保険が求められている。必要な知識はそろっている。欠けているのは制度だけである。

今後二、三〇年の間に、コンピュータの出現から今日までに見られたよりも大きな技術の変化、そしてそれ以上に大きな産業構造、経済構造、さらには社会構造の変化が見られることになる。

テクノロジストの出現

鉄道の後に出現した当時の新産業は、技術的には蒸気機関や産業革命に負うところはほとんどなかった。それは産業革命の実子ではなく、その精神を継ぐ弟子だった。とはいえ、産業革命がもたらした意識の変化と生産技術が存在しなければ成立しえないものだった。意識の変化とは、新製品や新サービスを受け入れるだけでなく、それを熱烈に歓迎するという時代の気風の醸成だった。

産業革命が新産業の成立を可能にする社会的な価値観を生みだした。そして何よりも技能技術者としての製造テクノロジストがいた。

一七九三年に、蒸気機関とともに産業革命の柱となった綿繰り機を発明したアメリカ人のホイットニーは、経済的にも社会的にも報われなかった。だが、彼の一世代後の叩き上げの製造テクノロジストたちは名をあげた。社会的に認められ、経済的に報われた。最初が電報を発明したモースだった。エジソンがいちばん有名になった。ヨーロッパ大陸では、実業人は長いこと社会的に認められなかったが、製造テクノロジストのほうは、一八三〇年あるいは四〇年には尊敬すべきプロフェッショナルとして遇されていた。

ところが、一八五〇年代までにイギリスは産業国家としての優位を失いはじめ、最初にアメリカ、次にドイツに抜かれた。その原因が経済や科学にあったのではないことは広く知られている。主な原因は社会にあった。

経済的には、特に金融の分野では、イギリスは第一次大戦まで大国の地位を守った。科学の分野でも一九世紀の間は地位を守った。近代化学産業による最初の製品たる合成染料はイギリスで発明された。蒸気タービンもそうだった。

しかし、イギリスは製造テクノロジストを社会的に評価しなかった。彼らを紳士と認めなかった。インドには工業学校をいくつかつくったが、本国ではつくらなかった。科学者には敬意を払い、そのため一九世紀を通じて物理学で世界をリードした。マックスウェル、ファラデー、ラザフォードが現われた。しかし、テクノロジストは職工の座にとめおかれた。

ディケンズも『荒涼館』（一八五三年）において、登場人物の鋳物工場主を成金扱いしていた。

イギリスは、未知のものを資金的に助ける手立てと気質をもつベンチャー・キャピタリストも育てなかった。バルザックの一八四〇年代の作品『人間喜劇』に出てくるフランスの発明品たるベンチャー・キャピタリストは、アメリカではJ・P・モルガンによって、ドイツと日本ではいくつかのユニバーサル・バンクによって制度化された。

しかし、イギリスでは商業取引に融資を行なう商業銀行は生まれ育ったが、産業活動に融資を行なう金融機関は、第二次大戦の直前に、ドイツからの亡命者S・G・ウォーバーグとヘンリー・グランフェルドが、ロンドンに起業家的な銀行を設立するまで待たなければならなかった。

知識労働者は金では動かない

二一世紀のイギリスになることを防ぐためには何が必要か。それは社会の価値観における劇的な変化である。鉄道後の工業化社会においてリーダーシップを握るには、職工から製造テクノロジストへの劇的な転換が必要とされたのと同じである。

ＩＴ革命とは、実際には知識革命である。諸々のプロセスのルーティン化を可能にしたものも機械ではなかった。コンピュータは道具であり、口火であるにすぎなかった。ソフトとは仕事の再編である。知識の適用、特に体系的分析による仕事の再編である。鍵はエレクトロニクスではない。認識科学である。

要するに、まさに出現しようとしている新しい経済と技術において、リーダーシップをとり続けていくうえで鍵となるものは、知識のプロとしての知識労働者の社会的地位であり、社会的認知である。もし万が一、彼らを昔ながらの社員の地位に置きその待遇を変えなければ、製造テクノロジストを職工として扱ったかつてのイギリスの轍を踏むことになる。その帰趨も同じところとなる。

ところが今日、われわれは資金こそ主たる資源であり、その提供者こそが主人であるとの昔からの考えに固執し、知識労働者に対してはボーナスやストックオプションによって昔ながらの社員の地位に満足させようとしている。そのようなことは、一時のネット企業のように株価が高騰している間しか通用しない。だがこれから登場する新産業は、かつての産業と同じ動きをするはずである。ゆっくりと苦労しつつ汗水を流して進む。

綿製品、鉄鋼、鉄道など産業革命初期の新産業は、バルザックのベンチャー・キャピタリストやディケンズの鋳物工場主のような成金を、一夜にして生みだすブーム産業となった。家事従事人が数年で産業家になった。

一八三〇年代以降の第二陣となった新産業も、やがて百万長者を生みだした。しかし、そこまでいくのに二〇年を要した。二〇年の苦労、失望、失敗、勤勉があった。これからの新産業も同じ道を通る。すでにバイオがそうである。

したがって、そもそもそれらの新産業が頼りにすべき知識労働者を、金で懐柔することは不可能である。もちろんそれらの新産業に働く知識労働者も、実りがあれば分け前を求めるだろう。だが、実りには時間を要する。今日のような短期的な株主利益を目的とし目標とする経営では、一〇年ももたない。それら知識を基盤とする新産業の成否は、どこまで知識労働者を惹きつけ、留まらせ、やる気を起こさせるかにかかっている。

金銭欲に訴えてやる気を起こさせることが不可能であれば、彼らの価値観を満足させ、社会的な地位を与え、社会的な力を与えることによって活躍してもらわなければならない。そのためには、彼らを部下ではなく同僚の経営者として、たんなる高給の社員ではなくパートナーとして遇さなければならない。

（一九九九年）

第2章　爆発するインターネットの世界

（このインタビューは、カリフォルニア州クレアモントの著者の部屋で、「レッド・ヘリング」誌の編集者マーク・ウィリアムズによって行なわれた。著者がテーマを指定するとともに、インタビュアーがまとめた原稿に手を入れた。「レッド・ヘリング」誌、二〇〇一年一月三〇日号初出）

知識労働者の動機づけ

▽あなたは、ストックオプションは、市場が冷えれば値打ちのなくなるものをアメ玉にしているだけであって、うまくいくはずがないと言っておられるが？

――五年ほど前に、クライアントや友人にも話したことだが、うまくいかなかった例はたくさん目にしている。金で人を惹きつけることはできない。そういうものをやっているところほど人の出入りが激しい。

元マイクロソフトという人には大勢会ってきた。IBMやプロクター&ギャンブルのOBは古巣を懐かしむ。ところが、マイクロソフトのOBは古巣を嫌う。金銭関係しかなかったし、名をあげたのはトップだけだという。価値体系が金銭だった。彼らはそれぞれの分野でエキスパートだった。科学者ではなくとも、応用科学者だった。価値観があまりに違っていた。

最近、年商一〇〇億ドル規模の社歴五〇年というハイテク企業のコンサルティングをした。知識労働者の確保をテーマとする二週間の幹部研修で一日だけ話をした。その会社では中途退職が非常に目立っていた。私の注文で、研修前に、中途退職した研究者や技術者から辞めた理由について現役の幹部たちが聞き取りを行なった。典型的な答えがこうだった。「あなた方の話すことは株価のことばかりだ。取引先三社との打ち合わせのために行った中国で、いくつかの事業機会を見つけたのでその話をしようと国際技術本部へ行った。一時間ほどいたが、切りだせなかった。話は前の日の株価の下げのことばかりだった」

これは特別なケースではない。株価に気をとられずに、知識労働者の価値観について考えなければならない。私は元金融マンだ。株価というものは、実需ではなくディーラーの思惑によって動いているにすぎない。

▽　たしかロンドンで投資銀行の仕事をされていたと思うが？

——六三年前だ。その後は株に関心はない。半年ほど前に、インテルが、すぐには実りのない思い切った投資の決定をした。必要なことだった。ところが、株価が暴落した。株式市場とはそういうものである。

▽　たしか知識労働者は、株主ではなくパートナーにしろと言っておられたが？

――そのことについてはまだ考えている部分がある。断言できない。高度の専門家とは契約関係にしたほうがよいかもしれない。

知識労働の成果の評価

▽　そのためには知識労働の生産性を測定しなければならないが？

――あらゆる知識労働者に三つのことを聞かなければならない。第一が強みは何か、どのような強みを発揮してくれるかである。第二が何を期待してよいか、いつまでに結果を出してくれるかである。第三がそのためにはどのような情報が必要か、どのような情報を出してくれるかである。

このことは、ある大手の製薬会社のコンサルティングをしているときに知った。新任のＣＥＯが全部門の長に何を貢献してくれるつもりかを聞いた。研究部門の長の答えは、彼の仕事は測定が不可能だというものだった。そこで、私が招かれて研究部門の仕事について見直すことになった。

私は最初に、「この五年間、意味あることとしてどのような貢献をしたか。これからの三年間でどのような貢献ができそうか」と聞いた。その研究部門は、膵臓の働きの解明に必要なあるホルモンの機能を明らかにしていた。医薬品の開発に結びつくには二〇年はかかるという代物だった。一九六〇年代の話だ。このように会社に何の貢献もしない研究成果がたくさんあった。市場にも出ないし、医学界での評価にもつながらないという種類の成果だった。

そこで、ただちにそれまでのやり方を変えた。研究部門の活動に、医療、マーケティング、生産の専門家を参画させた。五、六年後には研究部門の成果が倍増した。

IT革命と医療制度改革

▽ここでアメリカの医療制度について伺いたい。大変な状況だと思うが?

——他の国でも似たようなものである。どこも破産同然だ。しかも、医療はさらに肥大化する。二〇年後には、GNPの四割を医療と教育が占めることになる。

ここで医療とITとの関係について、ちょっと触れておきたい。いまのところ、ITがらみの関心は企業活動に集まっている。だが、医療と教育への影響のほうが大きい。医療制度改革にもつながる。医療の八割は専門看護士で処置できる。処置できないものを医師に回せばよい。そこでITがものをいう。

私は、隣の病院まで三〇〇マイルも離れている病院のために働いたことがある。それらの病院にどれだけITが役に立っているかは計り知れない。

たとえば人口二万六〇〇〇人という、コロラド州グランド・ジャンクションの病院がある。デンバーからもソルトレイクシティからも二〇〇マイル離れている。ところが今日では、ITを使ってそれら大都市の大学病院と連携することにより、あらゆる患者を診られるようになっている。

地方の小病院の問題は、あらゆる専門医をそろえるわけにはいかないということだけである。

▽　人口の少ない地方の小病院でも成り立つということか？

——東部のウエストバージニアから西部のオレゴンまでの間の、二五の病院からなるネットワークの相談に乗ったこともある。ＩＴのおかげで、大都市の大学病院と同じことができるようになった。

グランド・ジャンクションの病院は、各地の病院を通じて一〇〇万人の人口をかかえることができる。原因不明の引きつけを起こした急病人がかつぎこまれても、「甲状腺かもしれない、専門医のいるソルトレイクシティに連絡しよう」と言えるようになった。

eラーニングによる教育

▽　eラーニングについてはどう考えるか？

——eラーニングでは工夫がいる。

▽　どのような工夫か？

——組み立て方である。第一に、生徒の関心を持続させなければならない。一流の教師は、教室内で生徒全員の反応を感知するレーダーをもっている。いまのeラーニングにはこれがない。第二に、できない生徒の面倒を個別に見なければならない。行きつ戻りつする必要がある。つまり、関心の持続と個別の対応について工夫が必要である。さらに、意味性を教えなければならない。大学の講義では教えている。eラーニングでは、学生は家にいてクリックするだけである。講義の背景、意味、関連情報を与えてやらなければならない。

▽ 途上国でのｅラーニングをどう考えるか？　インドでは全村落にパソコンを一台ずつ支給しはじめた。

——この点については、私にちょっとした偏見がある。一九五〇年代のトルーマン政権のとき、政府の依頼でブラジルに行った。五年以内に読み書きできない人をなくす新技術の導入を働きかけた。ところが、教員組合が抵抗した。アメリカではずいぶん前に実用化されていたものだった。

毛沢東が行なったよいことの一つが、読み書きのできない人を大幅に減らしたことである。もちろん、アメリカの新技術を導入したわけではない。まことに古い方法で問題を解決した。字を読めるようになった子供に先生役をさせた。しかしこの方法に対しても、常に教員が反対する。独占を奪われるからだろう。生徒に先生役をさせるほどの近道はない。これが中国の行なったことである。多くの人が北京語を読めるようになった。法律ではなく、言葉によって国の統一が実現した。識字率はまだ七〇％前後だが、毛沢東以前は三〇％だった。

アメリカのその新技術はアマゾンの奥地でも通用した。教育の最大の障害は、職を奪われることを恐れる教師である。もう一つの障害は、途上国では教育が求められているとはかぎらないことだ。私は、コロンビアのバル州カリ市で大学の設立に関わったことがある。ずいぶん苦労させられた。子供は一一歳にもなったらコーヒー園で働かされるという土地柄だった。

インドではもっと深刻である。教育は社会にとって平等化の起爆剤だ。ところが、このことがオリッサ州などでは普通教育普及の最大の障害になっている。下級カーストの子供の入学に、上級カーストが猛烈に反対する。

医療は奥義か

▽医療改革の話に戻りたい。競争原理の導入が万能薬だといわれている。しかし、利益のあげようのない田舎の病院はどうしたらよいか？

――競争原理は万能薬ではない。私は包みかくさず言うほうである。これまで二つの健保組合の相談に乗ってきた。一つは五〇年、もう一つは三〇年のつきあいである。そもそも、アメリカの医療制度が特にひどいという見方がまちがいである。どこの国も変わらない。そして原因も同じである。どこの国も一九〇〇年ころの状況を前提にした制度だからだ。特にひどいのが日本とドイツだ。

すでに言ったように、患者の八割は専門看護士が処置できる。問題は二つある。第一に看護士による処置の範囲だ。ほとんど何でも看護士は医師に連絡せよという。第二に看護士の権威だ。看護士には患者の生活態度を変えさせるまでの権威はない。三〇〇〇年の歴史が医師の仕事を一種の奥義にしてしまった。体重を減らせという指示にしても、医師が言ったのと看護士が言ったのでは重みが違う。しかし、本当に先端の医療を必要とする患者は二割にすぎない。

ここでちょっとショッキングな事実をご紹介しよう。抗生物質の発明などの医療の進歩は平均寿命にほとんど寄与していないという事実である。ごくわずかの人たちにとっては福音だった。統計的にはほとんど意味がない。平均寿命に寄与したのは労働環境の改善のほうである。私が生まれたころは、労働人口の九五％が肉体労働に従事していた。そのほとんどが危険な仕事だったり、体力を消耗する仕事だった。

ところで、フランツ・カフカという名前を知っておられるか？　オーストリアの偉大な作家だ。実は安全ヘルメットを発明したのが、そのカフカだった。彼は第一次大戦前に、ボヘミアとモラビア（当時オーストリア領、のちチェコ）で労災補償関係の行政官だった。私の生家の近くに、クイッパーさんという同じように労災補償の権威が住んでいた。医師だったが、カフカを尊敬していた。カフカが咽頭結核で死の床にあったときには、五時起きで二時間かけて自転車で往診していた。カフカの死後、彼が作家だったことにいちばん驚いたのがこの人だった。

たしか一九一二年に、カフカはアメリカの安全協会からゴールドメダルをもらったはずだ。彼の安全ヘルメットのおかげで、チェコ地方の製鉄所の年間の労災死亡者が、初めて一〇〇〇人当たり二五人を割った。

少子化の影響

▽　あなたは、先進国の高年人口の増大と途上国の若年人口の増大を大きく取り上げているが？

——アメリカ以外の先進国では、若年人口はすでに急速に減少している。アメリカでも一五年ほどで減少に転ずる。

われわれは一七〇〇年以来、人口は増大するばかりであって、しかも若年者は常に高年者よりも多いことを前提としてきた。したがって、今日起こっていることはまったく前例のないことである。しかも、それが何を意味するかさえほとんどわかっていない。

いくつかヒントはある。中国の沿海都市の中流家庭では、子供四、五人にかけていた金の総額よりもはるかに多くの額を、一人っ子政策で一人しかもてなかった子供にかけている。そして、おそろしく甘やかしている。アメリカでも同じである。いまの一〇歳の子供がほしがるものは、私の世代には想像もつかない贅沢品だ。

だが、問題は子供よりも若年移民である。カリフォルニア南部に来るメキシコ青年、スペインに来るナイジェリア青年の問題である。先進国への移民のほとんどが一八歳から二八歳だ。これからは、彼らの受け入れと再教育に巨額の資金を必要とする。しかも、われわれはそのことが何を意味するのかを知らない。生産力は手に入るが、教育費も相当かかる。よくはわからないが、とにかく初めての経験である。

今日の若者文化が続かないことは明らかである。昔から、文化というものは人口の伸びのもっとも大きな年代によって規定されてきた。今日、人口の伸びのもっとも大きな世代は若年者ではない。

製造業の変身

▽いまでは一〇ドルの腕時計のほうが、退職記念の懐中時計よりも正確で長持ちする。自動車もデ

ザイン、安全性ともによくなっている。こうなると競争は何によって行なわれるようになるか？

――私と私のクライアントは、簡単なことを前提にして戦略を考えている。すなわち、純粋のメーカーではやっていけないということだ。流通力をもつナレッジ・カンパニー（知識を基盤とする会社）にならなければならない。製造の力では、製品を差別化しきれない。

自動車メーカーが面白い状況にある。車の実質価格は三〇年前よりも四割下がった。ところが、かなりのユーザーがスポーツ車をはじめ高い車を買うようになった。三〇年前の価格とそれほど変わらないものを買うようになった。

自動車以外の製品の実質価格も、ケネディ政権のころと比べて四割下がった。その間、知識産業の製品ともいうべき医療と教育の価格は三倍になった。その結果、製造業製品の相対購買力が四〇年間に四分の一になった。ところが、自動車産業では高価格車へのシフトが穴埋めをしてくれた。自動車産業だけが助かった。高価格車を買う人は、これからも大勢いるだろう。

しかし、買い替えはあまりしなくなっている。高価格車といえども長期の収益源とはならない。かつてアメリカでは、四割の人が二年ごとに車を買い替えていた。今日ではクレアモント大学の経営幹部コース専用の駐車スペースを見ても、五年未満のモデルはほとんど一台もない。

自動車メーカーが製造業としてやっていけないということではない。しかし、製品の差別化はますます難しくなる。売上げを伸ばすには、他のメーカーからシェアを奪わなければならない。自動車産業全体として、収益があがる見込みがあるわけではない。

したがって、これからは知識を基盤とする流通企業へと変身しなければならない。大転換である。第一次大戦後の農業に匹敵する。これまで製造業生産は急速に伸びてきた。しかし、ＧＮＰに占める地位は急速に低下した。雇用も急速に減少した。製造業は国民経済に大きな付加価値をもたらさなくなった。その役割を知識産業と流通産業が担うようになった。

新種の保護主義

▽大恐慌時代にアメリカにやってきたあなたは、当時インテリのほとんどが信奉していた社会主義的なイズムにとらわれることなく、社会的な課題の多くが企業によって解決されるようになると見ていた。しかし、ＷＴＯ総会時のシアトルでのデモに見られたように、マルクス社会主義の資本主義批判がいまだに大衆の企業観に影響を与えているように見えるが？

——あのデモには共通の主張はなかった。結果として、ほとんど何ももたらさなかった。しかし、デモの原因となったものは深刻だった。そもそも世界はグローバル化に向かっていない。製造業の退潮はグローバル化ではなく、保護主義化を招く。

第二次大戦後、先進国では農業物価格と農業人口が一％減少するごとに、補助金が二％増額した。同じことが製造業にも起こる。世界は自由貿易には向かっていない。自由貿易に向かっているのは情報産業だけである。財とサービス、特に製造業については保護主義化が進む。雇用が減れば保護が増えるのは当たり前である。農業で起こったことであり、製造業でも起こることである。

メキシコのフォックス大統領が、北アメリカ経済圏を推進しようとしていることは正しい。もはや輸出主導型の経済発展は望みえない。

メキシコの出生率も、かつての四ないし五という数字から二以下となり、一〇年後には一以下にさえなるかもしれない。しかしいまは、二〇年ほど前の高出生率と低乳幼児死亡率の時代に生まれた若者が成人になっているときだ。カリフォルニア南部で低賃金の労働者になるか、メキシコ国内でさらに低賃金の労働者になるかしかない。どちらを選ぶかは明らかだろう。

NAFTA(北米自由貿易協定)が補助金によって保護されると見るフォックスは正しい。EUでは農業についてそうなった。ちなみに、この世界的な流れの最大の被害者が日本だ。東南アジア経済共同体というものが成立していない。もし成立したとしても、主役は日本ではなく中国になる。

したがって、シアトルのグローバル化反対のデモはまちがったものを標的にしている。しかしある意味では正鵠を射ている。痛みを訴えている。アメリカはこの三〇年、あらゆる分野で競争力をもつとの前提のもとに自由貿易を推進した。その競争力は知識を基盤としていた。しかし、ずっとそのようなことを前提とするわけにはいかない。現在、アメリカが危機的な状況にあるというわけではない。が、やがて他の経済圏が追い上げてくる。

これからは地域的な保護主義が横行する。環境問題の深刻化が輪をかけてグローバル化の障害となる。最近、インドネシアに行ったことがあるか?　法的な規制はあるが、信じられないほど環境破壊が進行している。環境破壊の輸出に対する規制は強化せざるをえない。

そして、移民がどこでも問題となる。こうして見るとあのデモ参加者は、なかには元マルクス主義者もいたかもしれないが、マルクス社会主義の流れをくむ者ではなかったといえる。

▽問題の種を欲しがっている飽食の世代というわけか？

——これまでの段階では、的を絞れていない。むしろ体制そのものへの抗議だった。

先進社会は、資本集約化の道を進んできた。製造業製品の購買力の低下も、これによって耐えられた。しかし、あとどれほど耐えられるかは不明である。

世界中で、製造業のブルーカラーが所得よりも大事なものを失いつつある。社会的な地位である。そこであたかも雇用の輸出であるかに見えるグローバル化に反対する。だが、そうではない。輸出される雇用などわずかである。たかが知れている。問題の根本は、国内で雇用が一変しつつあることにある。グローバル化への抵抗は続く。彼らは昨日の問題にとらわれている。しかし、それは今日の痛みゆえの抵抗である。

（二〇〇一年）

第3章　コンピュータ・リテラシーから情報リテラシーへ

コンピュータ・リテラシーは当たり前

世界最初の経営セミナーは、一八八二年にドイツの郵政庁によって企画された。企業トップだけが招かれたこのセミナーのテーマは、電話を恐れぬ方法だった。参加者はゼロだった。それどころか、招待を受けた人たちを怒らせた。電話を使えという発想が気に入らなかった。電話は事務員が使うべきものだった。

一九六〇年代の初め、私はＩＢＭから企業トップへのコンピュータの普及について相談を受けたとき、この話を思いだした。コンピュータが企業活動と産業構造を一変させることは明らかだった。情報が中核的な生産要素になるに違いなかった。トム・ワトソンがトップセミナー開催のアイデアを出した。コンピュータの使い方を教えようというものだった。ちなみに、いま使われているコンピュータ・リテラシー（コンピュータ能力）なる言葉は、そのとき私たちが考えついたものである。

私はワトソンにドイツの郵政庁の話をした。「コンピュータはあのころの電話と同じ段階にある。誰も来ない。トップにとっては面白くもおかしくもない話だ」。いまから三〇年前、あるいは二五年前にはそのような会合は成立しなかった。いまから三〇年後ならば、そもそものような会合が不要になっている。企業のトップが代替わりしているからである。

一〇歳から一三歳の子供をもっていれば、私の末娘の子供たちの話を聞いても驚きはしないだろう。孫の一人は一三歳で、コンピュータに夢中な段階をすぎている。パラレル・プロセス（並列処理）以外は子供だましだと言っている。そう言いながらコンピュータを使いこなしている。「おじいちゃん、お父さんのコンピュータは古いよ」と言う。娘の婿は民間では最高速のコンピュータを使う物理学者である。ところが、彼によれば孫の言うとおりだという。

この世代が成人するころには、コンピュータ・リテラシーは問題にもならないだろう。電話を怖がらない方法が問題でなくなったのと同じである。その孫の五つになる妹は、世界中どこへでも電話をかけられるし、事実、出張中の親にかけている。

アメリカでは私の孫が特別なのではない。世代がそのような世代なのである。アメリカははるか先を行っている。日本ではまだ幼児期にあるし、ヨーロッパにはコンピュータ・リテラシーなる言葉もない。

私の妻には、夫妻揃って学者という甥夫婦がドイツにいる。二人ともコンピュータを使っているが、九つや一〇の子供がコンピュータを使うことなど考えたこともない。

ところが、アメリカさえ情報リテラシー（情報能力）については、本来あるべきところまではきていない。コンピュータを使うことは最低限の能力にすぎない。一〇年あるいは一五年後には、コンピュータではなく情報を使うことが当たり前になっていなければならない。今日のところ、そこまでいっている者はごくわずかである。

情報の使い手は誰か

今日ではほとんどのＣＥＯが、自分が知るべき情報を明らかにするのはＣＩＯ（最高情報責任者）の仕事だと思っている。言うまでもなく、これはまちがいである。ＣＩＯは道具をつくる者であって、道具を使う者はＣＥＯである。

最近、三年前から気になっている客間のソファを直そうと思い立った。金物屋でどの金槌がよいかを聞いた。しかし、ソファを直すべきかどうかは聞かなかった。それは私が決めることだった。聞いたのは道具についてだけだった。店主は教えてくれた。

数年前に、電気屋を呼んでファックスの配線をしてもらったとき、置き場所について助言してくれた。そこでは使い勝手が悪いから、ここにしてはどうか、ここでも配線はできると言った。

誰にファックスを送るか、何を書くかについては言わなかった。それは私のすることだった。彼の仕事は、私の仕事のための道具を用意することだった。

ＣＥＯは、道具としてのコンピュータの使い方を決めるのは自分だということを知らなければならない。与えられた情報責任を果たさなければならない。「ＣＥＯとしてどのような情報をもたなければならないか。誰から手に入れなければならないか。どのような形で手に入れなければならないか。それはいつか」、さらには「どのような情報を与えなければならないか。誰に与えなければならないか。どのような形でか。そしてそれはいつか」を問い続けなければならない。

残念ながらＣＥＯのほとんどが、これらのことを考えるのはＣＩＯだと思っている。そのようなことは、これからは通用しない。

私はカリフォルニア州クレアモントの小さな大学院大学で教えている。一二年前のことだが、コンピュータ・サイエンス学科を新設することになった。教室建設のための募金活動では、スタンフォードやエール級の募金に成功した。特に企業から多額の寄付をいただいた。それは私たちの趣旨がよかったからだ。「学科の設置期間は一〇年以内を目途とする。成果をあげるならば不要の存在になるはずである。一〇年後には十分な数のコンピュータ技術者、ソフトウェア設計者が育っているはずである。そのとき本校には、学科としてのコンピュータ・サイエンスは不要になっているはずである」

企業の賛意を得たのは、道具をつくる人たちの教育に、いつまでも関わっているつもりのないことを明言したからだった。もちろん、道具をつくる者は必要である。しかしそのころには、道具の使い手が道具の使い方をマスターしているはずである。道具づくりは、重要ではあっても、技術上の問題にすぎなくなっていなければならない。

今日のCEOにもっとも必要とされるものが情報責任である。「どのような情報が必要か。どのような形で必要か」を考えることである。そうして初めて、情報の専門家が、こういうものをこういう形で得ることができると答えてくれる。しかし、実はその答えさえさほど重要ではない。技術的なことにすぎない。重要なのは、「いつ必要か。誰から得るか。そして自分はどのような情報を出さなければならないか」という、より根本的な問題のほうである。

情報中心の組織

最近、情報の視点から組織改革が行なわれるようになった。情報を経営資源として捉えるならば、階層の整理が俎上にのぼらざるをえなくなる。マネジメント上の階層のほとんどが何もマネジメントをしていないことが明らかになる。それらの階層は、トップとボトムから届くかすかな信号を増幅しているだけである。

情報理論の第一法則によれば、あらゆる中継器が雑音を倍増しメッセージを半減させる。同じことが、人のマネジメントをせず事業上の意思決定もしないマネジメント階層についていえる。それらの階層は情報の中継器にすぎない。したがって、そのような階層は必要ないということになる。ところが、ここで問題が生ずる。階層を減らしてしまったら、どのように昇進させたらよいか。これからは四つ以上の階層をもつ企業はなくなる。しかしそもそもＣＥＯ自身が、階層の多さは組織構造の失敗を意味するとの事実を受け入れられるだろうか。

ＧＭの階層は、昔と比べるならばかなり減った。昔は二九あった。トップマネジメント入りを目されるころには二一歳になっている勘定だった。いまでもＧＭでは階層の数が問題になっている。

しかし階層を減らしたならば、どのように報い、認めたらよいのか。さらには、どのようにして部門を越えた能力を身につけさせるか。いずれも大きな問題である。答えはわかっていない。少なくとも報酬を増やさなければならないことは確かである。これまでの三〇年、多くの企業が昇給の代わりに昇進を与えてきた。報酬を増やさずに昇進させた。そのような時代が終わったことは確かである。

必要な情報が手に入らない情報システム

組織構造への影響よりもさらに重要な問題が、情報そのものの中身である。情報を道具として使うようになるや、それが何であり、何のためであり、どのような形であり、いつ得るべきであり、誰から得るべきであるかが問題になる。そしてそれらの問題を検討するや、必要な情報つまり重要な情報は、現在の情報システムでは得られないことを知るにいたる。現在の情報システムが与えてくれるものは社内の情報である。成果が生まれるのは社外においてである。

はるか昔に、私はプロフィットセンターなる言葉をつくった。いまではそのことを恥ずかしく思う。なぜならば、社内にあるものは、プロフィットセンターではなくコストセンターにすぎないからである。プロフィットは外からしかやってこない。顧客が注文をくれ、支払いの小切手が不渡りにならなかったとき、ようやくプロフィットセンターをもてたといえる。それまでは、コストセンターを手にしているにすぎない。

市場の情報

グローバル経済が事業だという人がいたら、そのような事業は成立しえないとみてよい。できるはずがない。グローバル経済については情報がない。

病院をやっているならば、病院を知っているといえる。行ったことのない谷間に落下傘で下りても、どの建物が病院かはわかる。内蒙古であってもわかる。まちがえようがない。学校もまちがえようがない。レストランもまちがえようがない。

世界市場を相手に事業をしているという人の会社の株は手放したほうがよい。知らないことについて事業はできない。われわれは世界中のことをすべて知ることはできない。知りうることを知るのみである。

いかなる事業であっても焦点を絞らなければならない。多角化が成功するのも情報があるときだけである。

日本の大阪に突然、競争相手が現われたというのでは、情報をもっていたことにはならない。われわれは自らの組織の外の世界、市場、顧客についてあまりに知らなさすぎる。特に流通チャネルほど早く変化するものはない。報告が上がってきたころには手遅れである。

技術の情報

技術の変化についても同じことがいえる。一九世紀、二〇世紀には、自らの業界に特有の技術、重要な技術は、業界内で生まれるものと考えてよかった。

ところが、いまや企業内研究所なるものの考え方そのものが時代遅れとなった。その最大にして最後のものがＩＢＭの研究所だった。比肩するもののない存在だった。だが、コンピュータ産業に大きな影響を与えたもののうち、ＩＢＭの研究所で生まれたものは一つもない。しかもそこで生まれたもののうち、ＩＢＭが使えたものもほとんどない。ＡＴ＆Ｔのベル研究所や製薬会社の研究所も同じだった。

今日の技術は、一九世紀の学問分類とは関係がない。互いに入り組んでいる。混沌としている。今日ではあらゆる産業と企業が、技術の種を外の世界に求めなければならなくなった。ところが、われわれは外の世界についてほとんど知らない。

製薬業でさえ機器やプロセスの開発によって陳腐化させられる。ペースメーカーがあり、バイパス手術がある。

たとえ世界一の研究所をもっていたとしても、業界の景色を変える技術や製品は出てこない。研究所もまた、情報システムと同じように内側を向いているからである。

不十分な情報

結果として、われわれは内部の情報という片翼で飛行している。必要なことは、それら内部の情報の増大や改善ではない。外部の情報の獲得である。

誰もがアメリカは貿易赤字に悩んでいると思っている。まちがっているが、誰もそのことを知らない。貿易収支という概念が生まれたのが一八世紀の初めだった。それは財の貿易についてのものだった。出てくる数字も財の貿易についてのものだった。

アメリカは財の貿易では赤字である。サービス貿易では黒字である。最近の統計によれば、サービス貿易の黒字は貿易収支の赤字の三分の二にのぼる。実際にはもっと大きい。サービス貿易の数字は把握しきれていない。

アメリカには五〇万人の留学生がいる。少なく見積もっても、彼ら一人当たり一万五〇〇〇ドルをもってきている。ということは、七〇億ドルから八〇億ドルの外貨収入がある計算になる。統計に出てこないだけである。

商品貿易とサービス貿易を合わせるならば、アメリカは若干の黒字とも思われる。残念ながら数字がない。

大切なことは、外部の世界について十分な情報を手にして意思決定を行なうことである。これは市場についていえる。消費者の変化や流通システムについていえる。技術の変化や競争相手についていえる。まさに、それらの変化が倒産を招きかねないからである。

ペースメーカーが現われた五年後には、それまでもっとも売れていた心臓病の薬が市場から姿を消した。何が起こっているかを論じている間に、市場そのものがなくなった。

分離したままの会計システムとデータ処理システム

外部の情報が重要である。外部のことを学ばなければならない。ところがわれわれが手にしている二つの情報システムでは、外部の情報は手に入らない。一つは最近流行りのデータ処理を中心とする情報システムであり、もう一つは昔からの会計を中心とする情報システムである。後者は五〇〇年も前からの代物である。今日会計に必要とされている改革に比べるならば、今後二〇年間に想定されるITの進展など何ほどのものでもないとさえいえる。

そのうち一九二〇年代に生まれ、今日ではすっかり陳腐化した製造の原価計算については、根本的な改革が進行中である。ただし、サービス活動についてはまだである。今日、製造業がGNPに占める割合は二三%、雇用に占める割合は一六%にすぎない。したがって、今日の経済活動のほとんどについて、われわれは意味ある会計システムをもっていないということになる。

サービス活動についての会計システム上の問題は単純である。デパートにせよ、大学、病院にせよ、どれだけの収入があるかはつかんでいる。どれだけの支出があるかもつかんでいる。どこへ支出しているかさえわかる。しかし、支出と成果を結びつけることができない。その方法がわからない。
現在、この情報システムとしての会計とデータ処理は分離したままの状態にある。私の孫の世代ともなれば統合されているだろう。しかしその間ＣＥＯたちは、会計のほうに依存したままでいくことになる。寡聞にして、データ処理によって意思決定を行なっているという事業を私は知らない。あらゆる企業、組織が会計システムに基づいて意思決定を行なっている。それがいかようにも操作できる代物であることを承知しつつ、そうしている。

会計システムのどの部分が信用でき、どの部分が信用できないかは明らかである。われわれがとうてい歩くべきではない薄氷の上にいることは明らかである。最近、キャッシュフローが重視されるようになったのも、会計学の二年生でさえ損益計算書は化粧できるからである。

データ処理システムが使いやすいものになる次の世代では、これら二つの情報システムを統合することも可能かもしれない。少なくとも調和させることはできるだろう。今日では両者の間につながりがない。学校でも別のところで教えている。会計とコンピュータ・サイエンスは別の専攻である。両者の間に交流はない。
そのうえ、両学科ともほとんど情報を知らない人たちによって率いられている。会計システムは税務当局の要求に詳しい人たちによって、データ処理はハードウェア出身の人たちによって率いられている。いずれも、情報そのものについては何も知らない。

この二つを連動させ統合させなければならない。ただし、その方法はまだ不明である。

不可欠の情報リテラシー

一〇年後には、大企業だけでなく中堅企業でも、現在一人の人間が行なっていることが二人の人間によって行なわれるようになる。一人は、人のマネジメントから解放されたCFO（最高会計責任者）である。彼は金を扱う。外国為替の管理が重要な仕事の一つとなる。為替管理はすでに多くの企業において大変な仕事になっている。間もなく、さらに大変な仕事になる。もう一人は、情報システムを扱うCIO（最高情報責任者）である。これら二つのポストが必要となる。いずれも別の観点から世界を見、事業を見る。

しかしいずれのポストも、価値の付加や事業上の意思決定は行ないえない。すでに起こったことに関心をもつ。起こりうることや起こすべきことは扱えない。

こうして、われわれの眼前に膨大な仕事が横たわっている。第一に、情報に通暁しなければならない。そのためには、一人ひとりが情報リテラシー（情報能力）を習得する必要がある。情報という道具の使い手にならなければならない。情報を仕事の道具として見なければならない。しかし、そのような見方ができている者はまだごくわずかである。そのごくわずかの者は企業人ではない。軍関係者である。

第二に、外部で起こっていることを理解するために、その情報リテラシーを実際に使わなければならない。いまのところ、入手可能なデータは不十分であって、かつ信頼性に欠ける。この種の情報を多少なりとも手にしているのは日本の大手商社だけである。彼らは外部の世界の生の情報をもっている。ブラジルについての情報には驚くべきものがある。もちろん、そこまでくるには四〇年という年月と多額のコストがかかっている。

ノンカスタマーの情報

ほとんどあらゆる組織にとって、もっとも重要な情報は、顧客ではなく非顧客（ノンカスタマー）についてのものである。変化が起こるのはノンカスタマーの世界である。

絶滅の危機に瀕しているアメリカのデパートについて見てみよう。かつて、デパートほど自らの顧客についてよく知っている業界はなかった。一九八〇年代まで顧客をしっかりつかんでいた。しかし、ノンカスタマーについては何も情報をもたなかった。

デパートは小売市場において、二八%という抜きんでたシェアを誇っていた。しかし、ということは、七二%の消費者はデパートで買い物をしていなかったということである。デパートはそれらの人についての情報を何ももたなかった。関心さえもたなかった。

そのため、新しく登場した消費者層、特に豊かな新しい世代がデパートへ来ていないことに関心をもたなかった。なぜだったかはわからない。とにかく関心をもたなかった。ところが一九八〇年代も終わり近く、そのノンカスタマーが買い物傾向を左右する層となった。われわれがいかに買い物をするかを決める存在となった。自分たちの顧客ばかり見ていたデパートは変化に気づかなかった。こうしてデパートは、ますます数の少なくなる自らの顧客についてのみ、ますます多くの情報を手にするようになった。

プロフィットセンターが存在する外部の世界について、情報を組織化することが肝要である。意思決定の責任をもつ者が、それらの情報をもつことが必要である。

価値ある挑戦

関心をもつものはまだほとんどいないが、会計システムとデータ処理システムの統合が必要である。すべては始まったばかりである。

コンピュータ・リテラシーをもたないならば、社員からの敬意を期待してはならない。彼らにとっては日常のことである。上司がコンピュータ・リテラシーをもつことを当然とする。私の五歳の孫娘は、もし私が、おじいちゃんは電話が怖いんだよと言ったならば尊敬などしてくれないだろう。信頼もしてくれない。

時代の変化とともに、われわれ自身が変化しなければならない。読み書きと掛け算に毛の生えた程度の最低限のコンピュータ・リテラシーから、情報を使ってものごとをなしとげるという情報リテラシーの域に達しなければならない。それは面白く価値のある挑戦である。

われわれはそのような時代の流れのなかにいる。その流れは速い。

（一九九八年）

第4章　eコマースは企業活動をどう変えるか？

配達が差別化の武器

間もなく、eコマースが従来型のグローバル企業を駆逐する。eコマースによる製品、サービス、修理、保全には、今日のものとは異質の組織を必要とする。異質の思考、異質の事業定義、異質のトップマネジメントを必要とする。

今日ほとんどの事業において、配達は後方支援業務の一つとして、事務職員が担当する日常業務である。よほどの問題が起こらないかぎり、定型の業務にすぎない。ところがeコマースにおいては、配達が差別化の最大の武器になる。決定的に重要なコア・コンピタンス（中核的な強み）となる。いかに強力なブランドであっても、配達のスピード、確実さ、顧客対応が決定的な競争力要因となる。

ところが、今日のグローバル企業のすべて、あるいは今日の企業のほとんどがそのように組織されていない。そのようなことを考えている企業さえほとんどない。

一八二九年に発明された鉄道は距離を克服した。産業革命が生んだもののうち、鉄道が経済と雇用をもっとも大きく変えるにいたったのは、距離を克服したからだった。それは人の思考を変え、視野を変え、世界観を変えた。

ところが、ｅコマースは距離を克服するどころか距離を消す。ｅコマースでは売り手はどこにいてもよい。顧客は売り手がどこにいるかを知らない。気にかけない。そして、今日世界最大の書店となったアマゾン・ドット・コムなどのｅコマースの売り手たちのほうも、注文がどこから来たかを気にしない。

ソフトウェアや株式が商品であるならば配達の問題はない。商品はコンピュータのメモリとなる。法的には存在しても、物理的には存在しないも同然である。

電子情報によって配達される商品にも課税上の問題は残る。すでに課税当局の頭痛の種になっている。おそらく頭のよい当局は課税をあきらめるだろうが、そうでない当局はナンセンスな規則をいろいろつくるだろう。

書籍では配達の問題はあまり起こらない。輸送が容易であって、重量当たりの価格が高く、通関や関税の問題もさしてない。ところが、トラクターとなると小包では配達できない。新聞や雑誌も配達が必要である。電子情報で送り、ディスプレーで見てもらい、ダウンロードさせるという事業はまだ成立していない。購読者は媒体として、まだ紙を好んでいる。

医療上の診断や検査は、すでにインターネットで行なわれるようになった。しかし、医師による診察、手術、医薬品の投与や注射、リハビリなどの診療行為となると、患者自身がやってこなければならない。自動車、諸々の機器類、銀行ローンについてもアフターサービス上の接触が必要となる。

eコマースによる自動車販売

eコマースでは、配達の問題さえ解決できれば、いかなる企業、いかなる組織であっても、あらゆる場所、あらゆる市場で商取引を行なうことができる。

その典型がeコマースによる自動車販売である。それは今日アメリカで急速に伸びている事業の一つである。ロサンゼルス郊外に本社を置くカーズダイレクト・ドット・コムは、一九九九年一月に開業し、その年の七月には四〇の州で月間一〇〇〇台を販売し、上位二〇位内のディーラーとなった。

特に値引きをしたわけでも販売方法を工夫したわけでもない。価格や売り方については、先行するオートバイテル・ドット・コムや、マイクロソフトの子会社カーポイント・ドット・コムに追いついていない。カーズダイレクトが行なったことは配達システムの構築だけだった。全国の従来型ディーラー一一〇〇社と契約を結び、配達日の厳守とアフターサービスの充実を約束してもらった。

生産と販売の分離

配達は企業間のｅコマースにおいても、同じように重要である。消費者向けｅコマースの場合よりも重要であるといってよい。しかもこの企業間のｅコマースが、消費者向けよりも急速に伸びる様相を示している。国際間ではさらに伸びる。

ｅコマースは、企業活動の歴史上初めて販売と購買を分離する。販売とは、注文を受け支払いを受けるまでである。購買とは、商品が配達され購買者が満足するまでである。販売では集中化が不可欠となり、購買、特に配達では分散化が不可欠となる。配達は地域に密着し、キメ細かく正確でなければならない。

ｅコマースは販売と購買を分離するのみならず、生産と販売をも分離する。ｅコマースにおいては、われわれが今日生産と呼んでいるものは調達ということになる。ｅコマースを行なう者にとっては、自らの活動を特定の製品やブランドに限定すべき理由はない。

アマゾンやカーズダイレクトの例に見るように、ｅコマースの強みは特定のメーカーにしばられることなく、まさにあらゆるメーカーの製品を扱うところにある。これまでの企業活動では、販売は生産の僕《しもべ》だった。販売は生産したものを売らせてもらっていた。そのためのコストセンターだった。これに対しｅコマースでは、販売は配達できるものは何でも売ることになる。

（二〇〇〇年）

第5章　ニューエコノミー、いまだ到来せず

（このインタビューは、カリフォルニア州クレアモントの著者の部屋で「ビジネス2.0」誌の編集長ジェイムズ・ダリーによって行なわれた。著者がテーマを指定するとともに、インタビュアーがまとめた原稿に手を入れた。「ビジネス2.0」誌、二〇〇〇年八月二二日号初出）

ネット企業のキャッシュフロー

▽ネット企業の多くが四苦八苦している。何かまちがったことをしたか？

――まちがったことはしていない。正しいことを何一つやっていないだけだ。ドット・コムを名乗るだけで大金を手にできる時代は終わった。ネット企業の多くは事業のベンチャーではなかった。株式市場でのギャンブルの対象になったにすぎない。事業計画といっても株式公開と身売りの計画ぐらいのものだった。事業の計画ではなかった。最近の実業家の貪欲さには驚かされることがある。

▽きりもみ状態から脱出するには手遅れか？
——そうかもしれない。ネット企業の多くがベンチャー・キャピタルを手に入れにくくなっている。私は昔、年季の入った金融マンと仕事をしたことがある。五年以内に利益をあげると豪語するベンチャーや、逆に一年半でキャッシュフローをプラスにできないベンチャーは信用しないといっていた。なかなか利益があがらないのは仕方がない。アマゾン・ドット・コムがそうだった。しかし、キャッシュフローをプラスにできないでいるネット企業が多すぎる。それでは事業といえない。
▽ネット企業の多くはつばをつけている段階だという説がある。注目度が将来の市場シェアと利益につながるという考えだが？
——それはそれでよい。だがそのためには、少なくともキャッシュフローがプラスでなければならない。一九二〇年代にも似た考えがあった。注目度という言葉どころか、市場シェアという言葉もなかったころだ。しかし言葉は違っても、思惑や空手形はそのころもあった。これはあらゆる産業の初期のブーム時についていえる。本当の事業が始まるのは、この投機的なブームの一〇年後のことである。

　史上最大のブームが鉄道だった。イギリスでは鉄道ブームは一八三〇年代に起こったが、四〇年代の初めには次々に倒産していった。しばらくして、ようやく本格的な事業としての鉄道建設が始まった。アメリカでも南北戦争の直後に同じことが起こった。ブームは一八五〇年代に起こった。利益をあげたのは、大陸横断鉄道が最初だった。

▽一〇年ブーム説は今日についても言えるか？　ニューエコノミーの旗手が現われるのは一〇年先のことか？

——そのとおりだ。使った資金を回収できたとき、ようやく将来性を描けるようになる。キャッシュフローがプラスでなければ、資金を注ぎ続けなければならない。いつまでも投資資金が必要になる。市場シェアにつながらなければ、株式の値上がりに頼り続けなければならない。おそろしく危ない。わずかの逆風で倒れる。

マルチブランドへの道

▽ネット企業の多くは市場でのギャンブルだとのことだが、既存の大企業はどうか？　それらの企業はオンライン化にどう取り組んでいるか？

——私を含めて多くの人が大企業の適応能力と先行能力を見損なっていたようだ。一つだけ例をあげよう。四年前、私はある大手自動車メーカーにインターネットを使えといった。彼らは丁重に聞いてくれた。しかし、丁重というだけだった。つまり、ばかなことをいうと思われたわけだ。

ところが最近、この自動車メーカーが他の大手メーカーと組んで、ネットを使った部品の共同購買を始めた。いずれ四、五社と組むことになるだろう。この共同購買から国際的なセリ市が生まれる。おそろしく攻撃的に動いている。ここまでくるのに四年かかった。しかもまだ自社の車にこだわっている。最近のネット企業のようにマルチブランドというところまではいっていない。大企業とネット・ベンチャーとの間では学び合うべきことが多い。

▽　マルチブランドになることはそれほど重要か？

――致命的といってよいほど重要だ。いまのところ完成車については、フォードであればフォードのディーラーに売るだけにとどまっている。これに対し、ネット企業はあらゆるメーカーの車を扱う。あるいは、あらゆるメーカーの車を扱えるディーラーを相手にする。そこにおそろしく大きな優位性がある。

大手自動車メーカーのうち、どこが最初に自らのマーケティング力を使って他のメーカーの車、特に販売量のあまり多くないメーカーの車の販売を手がけるようになるかはわからない。聞くところでは、どのメーカーもこの問題をかなり真剣に検討している。半年もすれば何か出てくるかもしれない。障害は社内やディーラーなど内部の問題だけである。

▽　ネット企業の株価の評価方法はあるか？

――私が答えることではない。畑違いだ。だが、これまでの方法とそれほど違うとも思われない。株価は期待利益から決まるというのが昔からの説だ。この説に問題はある。しかし長期的には正しい。事実ネットブームでは、株価は将来の株価への期待で決まっていた。

もちろん、やがて事業の収益性が問題になる。その点、既存の企業のほうが有利だ。資本コストが安い。期待にだけ頼っていたのでは、期待が下がれば資本コストが上がる。いずれにせよ、まだ確かな理論はない。

▽ どのような理論がありうるか？　あなた自身はネット企業の評価では、どの数字を重視しているか？

——私がどう見るかは門外漢の話で関係ない。投資家はネット企業については別の尺度をもっている。それだけは確かだ。

継続教育が成長分野

▽ 将来の企業像をどう見ているか？

——どの企業についてか？　どういう種類の企業についてか？　面白いことに、インターネットの影響は企業よりも非営利の組織に対して大きいものとなる。

特に高等教育に対する影響が大きい。基本的な生産要素となるブレイン・パワー、つまり頭脳のコストが急速に上昇している。きわめて高額になっている。アメリカでは能力のある独創的な人たちの人件費が信じられないほど高くなった。ストックオプションなどいくらつけても、社員になるよりは独立して契約ベースで働くほうが、はるかに高額を得られるようになった。

インターネットが教育に与えるインパクトは、企業に対するよりもはるかに大きなものになる。全体として知識労働者の労働可能年限のほうが、雇用主たる企業の寿命よりも長くなる。歴史上初めてのことである。これからは誰もが、高度の知識、しかも専門化した知識をもたなければならない。その結果、高等教育の重心が、若者の教育から成人の継続教育へと移行していく。

これまで仕事に使う技能は、ほとんど変化してこなかった。私の名前のドラッカーはオランダ語で印刷屋を意味する。先祖は一五一〇年ころから一七五〇年ころまで、アムステルダムで印刷業をやっていた。印刷業では長い間何も変化がなかった。一六世紀初め以降一九世紀にいたるまで、印刷業ではイノベーションといえるものは何もなかった。

ソクラテスは石工だった。今日生き返って石切場へ行っても、五、六時間あれば追いつけるはずである。道具も製品も基本的には変わっていない。

▽その継続教育への流れは企業にも影響を与えるか？

――確実に与える。一二〇年前に設計された今日の組織構造は、あと二五年はもたない。法律的あるいは財務的にはもつかもしれないが、構造的あるいは経済的にはもたない。

今日の組織構造はマネジメントの階層を基本に組み立てている。それらの階層は、ほとんどが情報の中継器にすぎない。他のあらゆる種類の中継器と同じようにできが悪い。情報は伝えられるたびに内容が半減する。これからはマネジメントの階層が急減する。その代わりに、情報を中継すべく残された者はきわめて有能でなければならなくなる。

知識は急速に陳腐化する。したがって、専門的な継続教育が成長分野となる。経営幹部用のマネジメントプログラムも、五年以内にオンラインで行なわれるようになる。

eラーニングは教室と教科書双方の利点をもつ。教科書では一人だけ一六頁に戻れる。教室では無理である。その代わりに教室では反応がわかる。eラーニングでは双方のメリットを享受できる。

予期せぬ市場

▽ あなたは何年か前、イノベーションについて五つの行なうべきこと、三つの行なわざるべきことを示した。今日これに何を加えるか？

――今日では、イノベーターである前にチェンジ・リーダーでなければならない。五年ほど前に創造性開発がいわれた。だが創造性とは、体系的な仕事、汗水を流す仕事である。

一五年前、あらゆる企業がイノベーション志向たろうとした。しかし、その前にチェンジ・リーダー志向でなければならない。さもなければイノベーションは生まれない。イノベーションは体系的な活動である。それでいながら予測不能だ。ところで、あなたのズボンにはジッパーがついている？

▽ はい。

――ボタンではない。ところが、ジッパーはズボン用に開発したものではない。そもそも衣料産業で使われることは想定していなかった。穀物の梱《こり》用として開発したものだった。衣料に使うことは考えていなかった。製品の市場は想定していなかったところにある。常に起こっていることである。

ナポレオン戦争後の最初の大戦争が、一八五四年のクリミア戦争だった。多くの死傷者を出し、麻酔薬が求められた。最初がコカインだった。私はフロイトが治療に使っていたのを憶えている。しかし、やがて習慣性が問題になった。

そこで一九〇五年に、あるドイツ人が習慣性のない麻酔薬を開発し、ノボカインと名づけた。こ歯の開発者はその後二〇年間、ノボカインの普及に努めた。しかし実際にはどこで使われたか？　虫歯の治療用としてだった。開発者としては、崇高ともいうべき外科手術のための発明が、虫歯の治療などに使われることは我慢できなかった。市場は予期していなかったところにある。

予期したところに市場があったものは、一〇％から一五％にすぎない。二〇％ないし三〇％は失敗ではないが、よくできているといわれる程度だ。残りの六〇％はせいぜいどこかの本の脚注で触れられるだけである。

イノベーションにはタイミングも大事である。当初は商業的に成功しなかった発明が、一〇年後にちょっとの工夫で大当たりをする。中身よりもマーケティング戦略のほうが重要なことも多い。だが開発した本人にとっては、チャンスは一度しかない。

▽いわゆる創造的破壊をどうお考えか？

――おそろしく重要だ。しかも常時のものとして組織だって行なう必要がある。実例をご紹介したい。かなりの規模の企業である。すでに世界のリーダー企業になっている。そこでは三カ月ごとに何人かの若手を集め、製品、サービス、プロセス、戦略について、すでに手がけていなくともそれを行なうかを検討させている。答えがノーならばどうすべきかを検討させる。こうしてあらゆる製品、サービス、プロセスを四、五年ごとに廃棄するか、大幅に手直ししている。この方法によって成長と収益性を実現している。

老廃物は捨てなければならない。人の身体はそうしている。ところが、組織では強い抵抗が出てくる。容易でない。しかし、廃棄の効果は大きい。組織の一人ひとりの心構えと組織そのものの姿勢を変える。

もちろん、いわゆる改善も新製品の開発に有効だ。私の経験では七割は改善から生まれている。そのよい例がＧＥの医療用電子機器である。世界のリーダーになっている。ＧＥでも純粋のイノベーションから生まれたものはそれほど多くはない。

分割による再生

▽マイクロソフトの反トラスト法違反容疑についてどう考えるか？

――反トラスト法はアメリカの法律家の妄想の産物である。感心したものではない。そもそも独占は新規参入者に味方し、新規参入者を支援するだけのものである。しかもあらゆる独占が、放っておいても崩壊する。

ギリシャの歴史家ツキディデス（紀元前四六〇～四〇〇）は、覇権は自滅するといった。覇権をもつものは傲慢になる。自己満足に陥る。しかも他の勢力を結集させる。必ず拮抗力が生まれる。自滅せざるをえない。防衛的になる。尊大になる。過去を守るだけになる。そして自滅する。歴史に長命の独占はない。

独占体にとって最善の事態は分割を強要されることだ。パンチカード事業の放棄を強制されなかったら、ＩＢＭはコンピュータ業界の巨人にはなれなかった。

ロックフェラーにとっても最善の事態が分割だった。彼は灯油に力を入れていた。ガソリンは一時的な需要にすぎないと見た。その結果、彼のスタンダード・オイルは分割命令が出たとき、すでに停滞期に入っていた。テキサコをはじめ自動車の普及に目をつけた後発組が急成長していた。事実ロックフェラー家の資産は、分割後わずか五年で一〇倍になった。

マイクロソフトにとっても最善の事態は分割されることである。しかし、ビル・ゲイツが同意するとは思えない。当時ロックフェラーも同意しなかった。最後まで分割に抵抗した。ＡＴ＆Ｔも勝ち目がなくなるまで抵抗した。私のよく知っている老ワトソンも同じだった。老ワトソンは早くも一九二九年には、コンピュータについて壮大なビジョンを描いていた。ところが、そのビジョンがパンチカード事業への脅威という形で実現に向かった途端、コンピュータ事業を邪魔しはじめた。息子たちが彼を引退させることができたのは反トラスト法違反容疑のおかげだった。これらの人たちは、みな私のクライアントだった。そして友人だった。

社会が主役になる

▽　大作の一つに『断絶の時代』がある。変化が加速中の今日、もし手を入れるとしたら何を加えるか？

——わからない。この三〇年あまり読み返していない。私は読み返さないほうだ。新しい本で忙しい。しかしもし手を入れるとしたら、人口構造についてもっと書き込みたい。グローバル化についても書き加えたい。インターネット、特に企業間のeビジネスについて書きたい。ニューエコノミーやネクスト・ソサエティがどのようなものになるかについても書きたい。それらのものについては、具体的なことはまだわからない。しかし大きな流れはわかっている。

この四〇年あるいは五〇年というもの、経済が主役だった。これからの二〇年あるいは三〇年は、社会が主役になる。少子高齢化は、そのまま社会的な問題の発生を意味する。

製造業はこれからも伸びていく。しかし、雇用、特に肉体労働者の雇用は大幅に減少する。GNPに占める割合も減少する。第二次大戦が終わったころ、アメリカの農業人口は全労働人口の二五％だった。農業生産のGNPに占める割合は二〇％だった。今日ではそれぞれ三％と五％にすぎない。製造業も似た道を歩んでいる。今日の農業ほどは落ち込まないが、一九六〇年以降、生産量は伸びているにもかかわらず、対GNP比や雇用量では毎年一％から二％減少してきている。

短期と長期のバランス

▽ 激変の時代におけるマネジメントの要諦は？

――どうしても短期的な視点からマネジメントしたくなるが、かなり危険である。経営者が学ぶべきことの一つが短期と長期のバランスをはかることである。

ＧＥのジャック・ウェルチは短期の業績を綿密にチェックしていた。ただし彼のいう短期とは半年ではなく三年だった。そして同時に、人事をはじめ長期的な視点からマネジメントしていた。知力戦略と呼んでもよいものだ。

これはGEだからできたことでもあった。GEでは、一九二〇年代に近代的な財務戦略を確立していた。三〇年代には人材育成の観点からの人事戦略を確立していた。ウェルチはGEの伝統に立っていた。毎月一六七の事業に目を通しつつ、七年後を見据えた人事を行なっていた。

変化を観察する

▽この転換期をチャンスに転ずるにはどうしたらよいか？
――変化を観察することである。しかもあらゆる世界を見ていくことである。そして、それらの変化が本物の変化か、一時の変化か、自分たちにとってチャンスかどうかを考えていくことである。見分け方は簡単である。本物の変化とは人が行なうことであり、一時の変化は人が言うことである。話にばかり出てくるものは一時のものである。

私の古い友人のトップの一人は、あまり変化について触れないと言われている。ところが、彼の組織は非常にうまくいっている。その彼が「変化するよりも、変化についての本を読むほうが簡単だからね」と言ったことがある。

誰もが変化に出会うと脅威かチャンスかを考える。脅威と見てしまうと、もうイノベーションは無理だ。何ごとであれ目論見と違うからといって軽視したり無視したりしてはならない。予期せぬことこそ最高のイノベーションのチャンスである。

個々の事業にとっては、ほとんどの変化が意味がない。よその事業にとっては意味があっても、いまの自分たちには意味がないということはよくある。それらの変化は自分たちの市場を変えず、顧客を変えず、技術を変えない。話題にできるだけだ。ほとんどの変化は関係がない。しかし、それらの変化についてもマークしておく。他の人にも読んでおいてもらう。話し合う。覚えておく。五年後何かに取り組んでいるとき、その情報が役に立つことがある。あらゆるものを見ておくことが大切である。

eコマースのインパクト

▽　eコマースの先行きをどう見るか？

――断定的なことを言うのは早いと思う。流通チャネルについては、それがどう展開していくか、それに何が乗るか、それによって顧客価値がどう変わるかを事前に知ることは不可能である。しかし万一、eコマースの小売りにおけるシェアがそれほど大きくならなかったとしても、そのインパクトは甚大なものになるはずである。既存の流通チャネルを急激に変えるはずである。

もっとも想定される流通システムは、販売のためのeコマースと配達のためのスポットとの組み合わせである。今日おそらく世界最大の小売業者は日本のイトーヨーカ堂である。セブン‐イレブンをもっている。日本全国で一万店近くある。この店舗網がeコマースの配達システムとなりうる。eコマースの最大の問題は配達である。

eコマースと配達スポットの結合による新しい流通システムが生まれる可能性がある。手数料は安くともコストはほとんどかからない。これが想定される一つの形だ。

他にも大きな変化があるだろう。ビジネス史上初めてのこととして、販売とマーケティングと配達の三つが分離する。この五〇年間、主導権はメーカーから流通へ移ってきた。これが加速する。メーカーの工場のうちどれだけが生き延びられるかはわからない。それほど多くはないだろう。まだ流通は、せっかく得た主導権をフルに発揮していない。しかし、すでに流通業者が独自ブランドをもつようになった。大メーカーの力のあるブランドが減っている。

やがて、製品の設計、生産、マーケティング、アフターサービスのそれぞれが別の事業になる。資本は同一かもしれないが、経営は別になる。これまでフォードはメーカーとされてきた。実際には、もともと製造はあまりしていない。組み立て業である。大量生産のコンセプトも無効になりつつある。

こうして、あらゆる変化が根本的、根源的、永続的に進行している。このことが何を意味するかについては、われわれはようやく理解しはじめたところにすぎない。

（二〇〇〇年）

第6章　明日のトップが果たすべき五つの課題

CEOの直面する問題

数年前、階層の終わりがずいぶん論じられた。みなが同じ船の仲間ということだった。しかしそうなった気配、そうなりそうな気配はない。沈没の危機にあっては、会議ではなく命令が必要である。理由は簡単である。「もたもたするな。こうしろ」と誰かが言わなければならない。意思決定を行なうべき者がいなければ、意思決定は行なわれない。

しかも、組織が技術的、経済的、社会的に複雑になるにしたがい、最終の権限がどこにあるかが重要になる。したがって、考えるべきはトップマネジメントの消滅や弱体化ではなく、意思決定者たるトップマネジメントの役割についてである。

今後一五年間のCEOの役割を見るならばポイントは五つある。それぞれ別の問題だが、互いに深い関係にある。それは何か。そして、それはCEO自身にとってどのような意味をもつか。

コーポレート・ガバナンスの変容

第一に、一五年後には、コーポレート・ガバナンス（企業統治）が今日とは大きく違うものになる。

私がそのように断じるのは、企業の所有構造に根本的な変化が起こっているからである。その変化が統治構造の変化を必然とするからである。

今日、企業の所有者たる株主の最大の関心事は経済的な利益である。社会の高齢化からして、それは当然である。人口が高齢化し、ますます多くの人たちが将来の生活の糧を心配するようになっている。それだけ年金基金の重要性が高まっている。年金基金の資金が、どのような形で、どこに投資されるかが最大の関心事になっている。こうして株主の構成と関心が変化した。年金基金をはじめとする機関投資家が、決定的な力をもつ新種の所有者として登場したためである。

このことは、コーポレート・ガバナンス及びＣＥＯにとって何を意味するか。新しい所有者、つまり機関投資家の運用担当者を教育するという気の遠くなるような仕事がある。彼らの多くは財務金融畑の出である。

私自身証券アナリストだった経験から言うと、財務金融の人間に事業を理解してもらうことは不可能に近い。これは冗談ではない。彼らは短期と長期、継続と変化、改善と創造などの相反するもののバランスを手がけたことがない。事業家のほうはバランスの実現に何が必要かを知っている。

しかし、これを財務金融の人間に理解してもらうことは至難である。もちろん、彼ら新種の所有者も彼らに特有の問題をもつ。加えて、年金制度の行方や所有する企業の利益についても心配しなければばならない。

ＣＥＯが直面する最大の仕事がバランスを図ることである。諸々のバランスに経験をもつ事業家であれば、たとえ困難で危険があっても、何をなすべきかは経験的に知りうるはずである。

ここにおいて、決して犯してはならないまちがいが問題を避けることである。現実には問題を避けつつ、利益の呪文を唱えるだけのＣＥＯが少なくない。もうそれではすまない。ＣＥＯたる者は、毎日の株価が新種の株主にとっての利益ではないことを知らなければならない。これからはコーポレート・ガバナンスとその周辺の考え方と手法のすべてが見直されていく。アメリカだけではない。コーポレート・ガバナンスの問題が解決されている国はない。ドイツでも日本でもうまくいっていない。企業の所有構造が、根本的に、劇的に、そして恒久的に変化してしまったためである。

すでに問題に取り組んでいる企業もある。そして、問題の解決は容易ではないが、不可能でもないことを知るにいたっている。他の企業も今後一〇年の間には取り組まなければならなくなる。

情報への新しい取り組み

最近、耳にたこができるほどＩＴ革命が言われている。事実われわれはＩＴ革命の渦中にある。四〇年前にコンピュータが登場したとき、ほとんどの人たちがたんなる高速の計算機として理解した。しかし、コンピュータを真剣に捉え、情報処理の問題として理解した人たちもいた。今日では誰もが、今後二〇年から三〇年で情報がマネジメントを根本から変えると確信している。

しかしまだ、われわれが手にしている情報処理能力ではマネジメントそのものを変えるところまではいっていない。大きな変化が見られたのは個々の作業においてだけである。

実例を二つあげたい。建築デザインの会社でインターン中の私の孫が、卒業制作に使っているソフトウェアを動かしてくれた。そのデザイン会社では、刑務所の空調、照明、配管の設計を受注していた。そのソフトは、昔ならば膨大な人手を要していた作業を、あっという間に仕上げるものだった。

同じように大学の医学部では、コンピュータによるバーチャル手術が外科医養成の強力な武器になっている。手術に間近で立ち合えるのは、ようやくレジデントの最終年になってからである。それまでは外科医の背中しか見えない。今日ではバーチャル空間において、人を傷つけることなく手術に必要な技能を習得していくことができる。

こうしてITは、あらゆる領域で成果をあげている。ただし、それは個別具体的な作業においてのみである。戦略やイノベーションをはじめとする目に見えない世界では役に立っていない。CEOが行なう意思決定にもほとんど影響を与えていない。この状況を変えなければならない。

CEOにおなじみの役員ポストが二つある。一つは、会計を統括するCFO（最高財務責任者）である。会計こそ最古の情報システムである。あらゆる意味で陳腐化しているにもかかわらず、理解できるなじみのものであるがゆえに、いまだに生き長らえている情報システムである。もう一つは、データ処理を統括するCIO（最高情報責任者）である。どこの会社でも膨大なコストをかけている情報システムである。

ところが、この二つのポストの人間は、それぞれのデータについては理解していても、情報そのものについては何も知らない。一五年もすれば、この二つの世界が統合され、それを統括するポストが生まれるはずである。

ようやく会計の世界では、一九二〇年代以来という大改革が進行中である。ABC会計（活動基準会計）と経済連鎖会計の導入である。われわれはいま、この新しい会計能力をデータ処理能力に結合させようとしているところである。その結果、今日のものとは一変した情報システムを手にできるはずである。

しかしそれでもなお、CEOがもっとも必要とする情報は、その情報システムからさえ手にできない。すなわち、事業の外で起こることについての情報である。

われわれは外の世界については、文字どおり何も知らない。しかも、たとえ業界リーダーの地位を占めていたとしても、同種の財やサービスを購入している者の過半は自社の顧客ではない。三〇％の市場シェアであれば巨人である。しかし、それでも七〇％は自社のものを買ってくれていない。われわれはその七〇％について何も知らない。

彼らノンカスタマー（非顧客）こそ、来るべき変化を知らせてくれる貴重な情報源である。なぜか。この四〇年間に見られたあらゆる業界における変化を調べるならば、そのほとんどが既存の市場、製品、技術の外の世界で起こったものであることがわかる。

したがって、いかなる事業にあろうとも、トップマネジメントたる者は、多くの時間を社外で過ごさなければならない。ノンカスタマーを知ることは至難である。だが、それだけが知識の幅を広げる唯一の道である。私の知るある人は、日本で事業を始めたとき、最初のコンタクトをとる前に日本史を勉強した。そのおかげで成功したという。さいわいアメリカは多様性の国である。多様性という資産が武器になる。

一九世紀には産業ごとにそれぞれの技術が生まれ、しかも別の産業の技術が交わることはなかった。この考えから企業内研究所が設立された。一八六九年にシーメンスが設立したのが最初だった。だが、もはやそのような考えは成立しなくなった。今日では技術は互いに交差する。しかも企業内研究所の成果が自社の業績に結びつかなくなっている。この三〇年、ベル研究所は目ざましい活動をした。しかしAT&Tの業績に結びついた成果はなかった。

したがって、**第二に、外の世界で起こることを理解しなければならない**。ところが、情報が手に入っていない。せいぜいが実例集である。外の世界の情報の定量化は始まったばかりである。いまのところ、それができたという話は眉つばものばかりである。

命令はできない

加えて、命令権の及ぶ範囲内での管理では仕事ができなくなった。命令や管理の時代は終わったという人がいる。そのとおりである。

では、代わるものは何か。今日ではますます多くの組織が、外部と提携し、派遣社員を使い、合弁を行ない、アウトソーシングをしている。そこには多様な連携が見られる。非正社員が大勢いる。あと数年で非正社員のほうが正社員よりも多くなるとの予測もある。

経営コンサルタントの増加もその表われの一つである。しばらく前、「ハーバード・ビジネス・レビュー」から、経営コンサルタントについて企業のためのガイドブックともなる原稿を頼まれた。しかし、コンサルタントの世界の変化があまりに速く、まとめられなかった。

今日では、命令と管理の及ばない組織や人間の力を借りなければ事業を行なえなくなった。合弁では命令はできない。パートナーと働くということはマーケティングを行なうということである。「先方の価値観はどのようなものか。目標としているものは何か。期待しているものは何か」を聞き続けなければならない。もちろん、組織には命令が必要なときがある。

したがって、**第三に、明日のCEOたるものは、いつ命令し、いつパートナーとなるかを知らなければならない。**よい例がある。J・P・モルガンは一二人からなるパートナーシップを築きあげた。同時に、自分がいつリーダーの役を果たすべきかを知っていた。もちろん努力なしにこれができたわけではない。

知識労働者の興隆

先進国だけがもつ競争上の優位性は何か。二つの世界大戦時の経験から明らかなように、教育訓練である。

朝鮮戦争の直後、韓国に派遣されたことがある。その荒廃ぶりは第二次大戦後のドイツや日本よりもひどかった。しかも第二次大戦前の五〇年間、日本が韓国独自の高等教育を許していなかった。その韓国が朝鮮戦争終結の一〇年後には、教育訓練の力のおかげで後進的な農業労働力を高度に生産的な産業労働力に転換していた。

知識そのものを競争力要因とするわけにはいかない。知識そのものは瞬時に伝播する。したがって、先進社会が三〇年、四〇年にわたって手にすることのできる競争力要因は知識労働者しかない。

アメリカには一二〇〇万の大学生がいる。中国の大学生はきわめて優秀だが、一二億の人口に対し一五〇万しかいない。アメリカでいうならば二五万人しかいない勘定になる。アメリカでは弁護士養成のためのロースクールをはじめ学生の数が多すぎるとの声がある。だが、知識労働と知識労働者の力は歴然としている。問題は、それを生かしきれていないところにある。

知識労働の生産性は、かつてのそれと比べて低下したとさえいってよい。教育や能力に関係のない仕事に時間をとられすぎている。アメリカの看護士は世界でも最高水準にある。しかし、看護士の仕事についてのあらゆるレポートが、彼らの時間の実に八割が看護以外の仕事に使われていることを明らかにしている。特に誰も読みさえしない書類づくりである。何の役に立つのかはわからない。それにもかかわらず書類は記入しなければならず、それは看護士がやらざるをえない。

デパートでは店員の時間の七割から八割が、顧客への対応ではなくコンピュータへの対応に使われている。

したがって、**第四に、CEOが真剣に取り組まなければならない課題が、知識労働の生産性の向上である。**

肉体労働ではいかに仕事をするかだけが問題だった。何をするかは自明だった。ところが知識労働では、何をするか、何をしていなければならないかが問題である。競争力を保つには、これを考えることがもっとも重要である。肉体労働は競争力要因とはならない。肉体的な技能も競争力要因とはならない。知識労働の生産性だけが意味をもつ。ところが、それがまことにお粗末な状況にある。

ともに働く

これらのことが意味するものは何か。トップたる者は、自らの組織が成果となすべきものを定めなければならないということである。そして、推進すべきものと保留すべきものを明らかにしなければならない。明日のリーダーシップはカリスマ性によってはもたらされない。

したがって、**第五に、CEOたる者は、みながともに生産的に働けるようにすることを考えなければならない。**

変化の速さ、働き手たちの要求、競争の激化を考えるならば、これらトップに課された五つの課題はすべて大変な仕事である。そのうえ同じ戦略で一〇年やっていけるという時代が終わっている。

GM、AT&T、シアーズは一つの戦略で長期にわたって成功できた。もはやそのようなことは期待できない。一〇年がせいぜいである。これからは、あまりの変化の速さゆえ、三年、四年がせいぜいだろう。

今後トップの仕事は、私が知りうるかぎりもっとも複雑な仕事、すなわちオペラの総監督の仕事に似たものとなる。スターがいる。命令はできない。共演の歌手が大勢いて、オーケストラがいる。裏方がいる。そして聴衆がいる。すべて異質の人たちである。しかし総監督には楽譜がある。みなが同じ楽譜をもっている。その楽譜を使い、最高の結果を出す。トップが取り組むべき仕事がこれである。

それはたんに何が重要になり、何が重要でなくなるかという問題ではない。重要なことの意味が変わるということである。命令をするなということでもない。いつ何について命令し、いつ何について パートナーとなるべきかを知れということである。

もちろん、財務が重要でないということでもない。人口構造の変化を考えるならば、財務はさらに重要な意味をもつ。しかしそれは、事業を確立し、経営していくうえで必要なものとのバランスのもとに追求せよということである。

（一九九七年）

第III部

ビジネス・チャンス

第1章　起業家とイノベーション

（このインタビューは、カリフォルニア州クレアモントの著者の部屋で「インク」誌の編集長ジョージ・ジェンドロンによって行なわれた。著者がテーマを指定するとともに、インタビュアーがまとめた原稿に手を入れた。「インク・マガジン」誌、一九九六年小企業特別号初出）

起業家精神ナンバーワンの国

▽　起業家精神についてはアメリカが最先端にいるという見方をどう思うか？

——とんでもない見方だと思う。幻想であって危険である。アメリカは創業と倒産が多いというだけである。起業家精神ということでは世界二位でさえない。

▽　一位はどこか？

——まちがいなく韓国である。四〇年前には産業らしきものさえなかった。何十年もの間支配していた日本が産業の発展を阻んでいた。教育も阻んでいた。高等教育を受けた者がほとんどいなかった。そのうえ朝鮮戦争ですっかり荒廃した。それが今日、二〇を越える産業分野で世界一流になっている。造船では世界一位である。

▽　韓国が一位であってアメリカが二位でないとすると、二位はどこか？

——韓国に迫っているのが、同じように一九五〇年まで産業化以前の段階にあった台湾である。今日、台湾は半導体などのハイテク産業でリーダー的な地位にある。台湾以外の中国人も忘れてはならない。太平洋の両岸で事業を次々に起こしている。

▽　それでも三位ならたいしたものではないか？

——アメリカは日本やドイツ並みというところだろう。起業家精神をもつ大企業ということでは、日本のほうが上かもしれない。それら日本の大企業のほとんどが、四〇年前には存在しなかったか、中小企業にすぎなかった。ソニー、ホンダ、ヤマハ、京セラ、松下である。

ドイツが世界大戦の廃墟から立ち上がり、世界三位の経済大国、世界一位の一人当たり製品輸出国になったのも、起業家精神の爆発があったからだ。戦争直後の脆弱な中小企業や、戦後生まれの中小企業が世界一流のメーカーに育っていった。その一つが四〇カ国で事業を展開している世界最大のメディア・グループ、ベテルスマンである。もとは小さな町の宗教書の出版社だった。

▽　アメリカが企業家精神に幻想を抱いていることは危険だといわれたが、それはなぜか？

——事実でないうえに、うぬぼれを生むからである。七〇年代初めに見られたマネジメント能力についてのうぬぼれに似ている。大量生産と顧客サービスで日本に追い抜かれようとしていたとき、アメリカのマネジメントは最高だとうぬぼれていた。

今度は起業家精神へのうぬぼれのために、韓国にも抜かれるおそれがある。

▽どのように抜かれると思うか？

――アメリカでは、起業家精神とはアイデアのことだと思っている。イノベーションとは研究開発、つまり技術のことだと思っている。しかし、起業家精神とは体系的な作業であり、イノベーションとは技術よりも経済に関わることである。それは事業を起こすためのものである。何も新しい見方ではない。一世紀以上も前に、エジソンが次々に発明していったのも、起業家精神とイノベーションをそのように捉えていたからだった。ところが、メルク、インテル、シティバンクなどは別として、アメリカの大企業のほとんどがイノベーションを体系的な活動としてでなく、才能のひらめきとして捉えている。

日本企業はイノベーションを体系として捉える。韓国企業もそうだ。優秀な若者を集め、体系としてのイノベーションを行なわせ、新事業を開拓させている。

▽体系としてのイノベーションで重要なことは何か？

――事業、人口、価値観、科学技術の世界で、すでに起こった変化を体系的な作業によって見つけることである。それらの変化をチャンスとして捉えることである。そのために、昨日に属するものを廃棄することである。

第一のわな――成功の拒否

▽前途洋々でスタートしたベンチャーが一、二年後には問題ばかりかかえるようになる。倒産はしなくともおそろしく平凡な存在になる。避けようと思えば避けられる典型的なまちがいは何か？

――四つある。ベンチャーがよく陥るものであって、私は起業家精神の四つのわなと呼んでいる。いずれも予測可能であって、回避可能である。

第一のわなは、想定していなかったところで成功したときに生ずる。多くの起業家が、市場よりも自分を信じたために消えていっている。

▽ということは、成功に気づかないということか？

――実例は何百とある。古典的な例として一〇〇年前の話を紹介しよう。

ジョン・ウェズリー・ハイヤットという人が貨車の車軸用にベアリングを発明した。そのころ鉄道では、車軸に油をしみ込ませたボロを詰めていた。ベアリングを受け入れる態勢はできていなかった。ボロ切れで十分とした。ハイヤットは鉄道に働きかけているうちに破産した。

ところが、やがてGMを築くことになるアルフレッド・スローンが、一八九〇年代の半ばにMITを首席で卒業してすぐ、このハイヤットの鉄道用のベアリング事業を父親に買いとらせた。彼はハイヤットよりも柔軟だった。それは自動車にうってつけだった。二年後には自動車用として事業を軌道に乗せた。実にその後二〇年にわたって、ライバルのフォード社がスローンのベアリングを買ってくれる最大の顧客となった。

▽　面白い話だがそれほどよく見られることか？

――もっと悪い。成功を拒否する。発明や製品の多くが、目論んでいなかったところで成功する。私はずいぶん目にしてきた。

最近の例としては、病院経営用のソフトを開発したベンチャーがあった。しかし病院ではそれを使える態勢になっていなかった。一つも売れなかった。ところが、たまたまそのソフトのことを知ったある小さな市役所が、ちょうど探していたものであることに気づいた。それを耳にした他の市からも注文がきた。だがそのベンチャーは、それらの注文に合わせてソフトに手を加えることを拒否したという。

第二のわな――利益志向

▽　どうして起業家は予期せぬ成功を拒否するのか？

――考えていたことと違うからである。起業家というものは自分が主人公だと思っている。ここから第二のわなが生まれる。**彼らは利益が第一だと考える。利益は第二である。キャッシュフローが第一である。**

成長期の子供には栄養が必要である。成長する事業にはキャッシュが必要である。事業を続けるには資金を注ぎ込まなければならない。誰にもわかることである。これは対策を講じて避けることのできるわなである。

私自身、事業が順調であることを話してくれる起業家に対し、それでは資金の手当てを十分しておきなさいと忠告することによって、ずいぶん感謝されてきた。必要になる半年から一年前に準備しておけば、資金はかなり楽に手に入れられる。しかもよい条件で手に入れられる。

▽ なぜ起業家はキャッシュフローの大切さを理解しないのか?

——起業家だけではない。投資家のウォーレン・バフェットは、会社の内容を知りたいときには証券アナリストには聞かないといっていた。彼らは利益を問題にする。利益が問題なのではない。バフェットは銀行のローン・アナリストに聞くという。キャッシュフローを問題にするからである。事実、証券会社から私に送られてくる株式ニュースには、手元流動性や資金繰りについて報告しているものは一つもない。もっぱら利益や収益性について書いている。

▽ どうしてだろうか? ビジネススクールが悪いのか?

——そうではない。起業家というものが金のことに暗いだけである。

第三のわな——マネジメントチームの欠如

▽ 予期せぬ客がやってくる。キャッシュフローに気をつけ準備をしておく。第三のわなは何か?

——**事業が成長してくると、おそろしく忙しくなる。成長はいろいろな問題をもち込む。生産が間に合わない。マネジメントが追いつかない。**

未熟な壁紙屋のようにかけ回ることになる。売上げの数字を見、予想利益を見る。あと一年もすれば、身売りして一〇〇〇万ドルは手に入ると思う。マネジメント能力を越えて成長してしまったことに気づかない。

私は五〇年間、起業家と仕事をしてきた。八割はだいたい同じパターンをたどる。半年に三倍という異常な速さでの成長ではなく、安定的で持続可能な成長であっても、創立四年後にはマネジメント上の問題にぶつかる。

▽マネジメント能力を越えるということか？

――そうだ。創立直後は起業家自身が何でも行なわなければならない。助手はいても同僚はいない。そして突然、何もかもうまくいかなくなる。品質が落ちる。顧客の払いが滞る。配送に問題が出る。

▽新しい事業はいろいろなまちがいをする。そのなかでも最大のまちがいは何か？

――私はチャンスがきたらどう受けとめるかを聞く。一万個納入できるなら注文すると言われたら、大変と思うかチャンスと思うか。チャンスと思うが大変とも思うという答えだったら、もうお宅はマネジメント能力を越えていると言ってあげる。

危機に見舞われないようにするには、じっくり腰をおろしてマネジメントのためのチームをつくりあげなければならない。四〇人の社員をかかえているとする。そのなかでマネジメントの能力を発揮している者を見つける。そうして見つけた四、五人を呼んでこう言う。「この週末、私を含めここにいる者全員について考えてほしい。自分のことは考えなくてよい。他の人が得意なものは何かを考えてきてほしい」。同時に、そこにいる者全員で事業にとって重要な活動をリストアップする。いわゆるコア・コンピタンスの洗い出しをする。

報酬の高い経験者を雇ってマネジメントチームをつくるわけにはいかない。しかし、わが社にはトムがいる。顧客サービスをこなしている。そのまま任せてよい。他の仕事を加えてもよい。助手をつけてやってもよい。当面の担当は顧客サービスだ。そして、ここにジェーンがいる。生産担当だ。人の扱いもうまい。彼女には生産と人事の両方を任せよう。

月に一度このメンバーが集まる。土曜日でもよい。一年後にはマネジメントチームができあがる。チームができるには最低一年、たいていは一年半かかる。

▽ チームとして動けるようになるためか？

――そうだ。やがて、ジョーは気難しいが、財務にはうってつけだとわかる。トムは販売とマーケティングでは一流になれそうだが、顧客サービスの責任者としてはいつになってもいま一歩だ。社のなかでは一番だが、それでもいま一歩だということがわかる。

▽ しかし、その判断を実行に移すのは難しいのではないか。特にトムが創立以来の社員であれば？

――そのとおりだ。だが一年半もかけていれば、トム自身が顧客サービスから手を引く必要を感じるはずである。何もかもが一度にうまくいかなくなるまで待っているわけにはいかない。

第四のわな――自らの役割の喪失

▽ 第四のわなは何か？

――これがもっとも避けることが難しい。**事業が成功していても、起業家が自分を中心に考えているときだ。**一日一八時間働いて一四年たった。事業も年商六〇〇〇万ドルになった。マネジメントチームもうまく機能している。そこでこう考える。「自分は何をしたいか。役割は何か」。しかし、この問いかけではまちがいである。そのような考え方では自分も駄目になるし、会社も駄目になる。

▽どう考えたらよいか？

――「この段階で事業に必要なことは何か」「自分はそれをできるか」を考えなければならない。事業に必要なことからスタートしなければならない。そのようなとき、外の人間が助けになる。

この種の問題をかかえた人と一〇〇人は会ってきた。どうしておいでになったのかと聞くと、多くの人が、奥さんから、このごろよい仕事をしていないのではないか、自分と家庭と事業を壊しているのではないかと言われたという。言ってくれたのが、親思いの娘さんだということもある。息子さんでは具合が悪い。引退させて跡を継ぎたいんだなと思うのが関の山だ。奥さんや娘さんなら、これを言える。

株主が言ってくれることもあれば、会計士や弁護士が言ってくれることもある。事業に貢献できなくなったという厳しい現実に、誰かが直面させてやらなければならない。自分自身も、集中すべきことに集中していないことは自覚しているはずである。

▽最近の起業家は、これら四つのわなにははまらないようになっているのではないか？

――そのようなことはない。

▽マネジメント教育が進んでいるのにか？　あれだけＭＢＡ（経営学修士）がいるというのにか？

——そうだ。教育だけでは経験や知恵は与えられない。

大企業に起業家精神は可能か

▽一九八〇年代には、イントラプレヌール（社内起業家精神）なる言葉をよく耳にした。一時の流行だったのだろうか？　熱が冷めたように見える今日、大企業に起業家精神は可能か？

——もちろん可能だ。起業家精神を発揮している大企業はかなりある。中堅企業はさらによくやっている。しかし、本が説いているものとはかなり違う。ほとんどの本が、いまの前の起業家精神全盛の時代、つまり第一次大戦以前の六〇年間に起こったことを唯一の手がかりにしている。

当時、企業だけでなくあらゆる種類の組織が生まれた。あの起業家精神の時代は、一八五一年のロンドンの大博覧会から始まった。第二次産業革命だ。まず一八五〇年に、イギリスのウィリアム・ヘンリー・パーキンがアニソン染料を発明して近代化学工業に道を開いた。

一八五〇年代には、ドイツのヴェルナー・フォン・シーメンスが最初の電気モーターを開発し、近代電機産業をスタートさせた。サイラス・マコーミックが刈り取り機を発明し、近代農業を発展させた。

大西洋に海底ケーブルが敷設され、蒸気船の大西洋横断が運航された。イギリスのベッセマーが製鉄プロセスを近代化した。フランスのペレール兄弟がクレディ・モビリエを創設し近代銀行を誕生させた。

▽　そのイノベーションの時代と今日との最大の違いは何か？

――あのころの新産業は真空地帯に入っていった。鉄道会社が大企業に育っていったとき、他に大企業はなかった。競争相手もいなかった。何かに取って代わったわけでもなかった。いかなる混乱ももたらさなかった。ところが今日、世界は組織だらけである。一〇〇年も前に設立された組織、あるいは生き残りが不可能になった組織がある。今日の世界はまさに混沌のなかにある。

▽　大企業における起業家精神とどう関係があるか？

――いよいよ大組織もイノベーションを行なわなければならなくなったということである。さもなければ、生き残りは難しい。生まれ変わることが必要なものも少なくない。

特に今日、大企業の多くが他の組織との提携や合弁事業によって成長しようとしている。しかし、提携のマネジメントを知っている大企業はあまりない。指示することに馴れすぎている。パートナーと働いた経験がない。仕事の仕方がまったく異なる。提携や合弁では「パートナーが必要としているものは何か。共通の価値と目標は何か」を考える。しかし、ＧＥやシティバンクで育ち出世してきた人にとっては難しいことである。

イノベーションとは、市場に追いつくために自分の製品やサービスを自分で変えていくことである。今日、銀行がどういう状況にあるかを見てもらいたい。アメリカでは商業金融や預金業務など、昔からの業務で利益をあげている大銀行はほとんどない。いまではクレジットカード、ＡＴＭ手数料、為替業務、投資信託ぐらいしかない。大企業は倒産しないためにも、イノベーションを行なわなければならない。

▽大企業はどのようにしたら起業家精神を発揮できるか？

――発揮できるかできないかではなく、発揮しなければならない。同時に提携やパートナーシップのマネジメントを学ばなければならない。

どのようにして起業家精神を発揮するか。イノベーションのための部門を他の部門から切り離して組織し、独自の動きをさせなければならない。ただし、これは事業がうまくいきはじめると難しくなる。どうしても他の事業と同じように扱いたくなる。新しい事業というものは、社内に置こうが外に出そうが子供にすぎない。ハイキングに行く六つの子供に二〇キロのバッグを背負わせてはならない。

▽起業家精神を発揮している大企業とはどういう企業か？

――よりよく行なうこと、つまり日本語のカイゼンに秀でた企業がある。次に、すでに行なっていることを展開していくことに秀でた企業がある。そしてイノベーションに秀でた企業がある。大企業の場合はこの三つのこと、つまりカイゼン、展開、イノベーションのすべてを同時に行なっていかなければならない。まだそのような大企業はない。いま学びつつあるところだ。

社会の問題への取り組み

▽　起業家精神による社会の問題への取り組みについて、簡単にコメントしていただきたい。

――経済活動におけると同じように重要である。おそらくはいっそう重要である。アメリカは今日、かなり健全な経済と同時にかなり不健全な社会をもっている。医療、教育、地方行政など、社会の問題をめぐって起業家精神が痛切に求められている。さいわい起業家精神が可能であることを示す成功例はたくさん出ている。いかに行なうかを教えてくれる例もたくさんある。

▽　どうすればよいのか？

――小さく始めなければならない。大がかりな万能薬的な取り組みはうまくいかない。クリントンの医療改革の問題点はそこにあった。ありがたいことに、アメリカではいろいろなところで、いろいろな実験が行なわれている。その何百という実験から新しい医療制度が生まれつつある。

教育についても、全国共通の万能薬的なシステムの構築について耳にする。その一方で、公立、私立の学校がそれぞれの地方で起業家精神を発揮し成功している。

そのうえアメリカでは、学歴のある若い共稼ぎ夫婦がボランティアとしていろいろ社会の問題に取り組んでいる。

NPOの発展

▽　これからは多くの問題が、コミュニティの組織によって取り組まれるようになると言われた。し

かし、それらコミュニティのNPO自体が、あなたの言葉を借りるならば「あきれるほどまちがってマネジメントされている」。なぜか？

――意図さえよければ、山をも動かせると思っているからである。山を動かせるのは、意図ではない。ブルドーザーだ。もちろん立派な仕事をしているNPOもたくさんある。

私は一九九〇年に、NPOのマネジメントの発展を目的とする財団の設立に関わった。その財団には、小さなNPOの素晴らしい活動のケースが、すでに一〇〇〇件ほど集まっている。今年は、穀物の収穫とバナナ農家の収入を増加させつつ、熱帯雨林を救う方法を編みだしたレインフォレスト・アライアンスというNPOに年間イノベーション賞を授与した。

それらのNPOが社会の問題についての起業家である。彼ら社会起業家は社会そのものの能力を変えていく。そこにこそ大きなニーズがある。アメリカでは、この三〇年間に八〇万ものNPOが設立された。

昨日の慈善は小切手を切ることだった。ところが今日、仕事で何らかの成功を収めた人たちは、小切手を切るだけでは不十分だと感じている。同時に、彼らはセカンドキャリア（第二の人生）、あるいはそれよりもパラレルキャリア（第二の仕事）を求めている。本業の仕事までやめるという人はそれほどはいない。

▽ これからはイノベーションの時代だといわれた。アメリカでは社会的な問題について起業家精神を発揮したがっている人が大勢いる。イノベーションも増えていくとお考えか？

――まちがいなく増えていく。

▽　しかし企業人の多くは、あまりにアマチュア的だとしてＮＰＯの活動に疑いの目を向けているようだが？

――そのような見方は正しくもあり、まちがってもいる。たしかにＮＰＯのかなりの多くがまちがってマネジメントされているか、まったくマネジメントされていない。したがって、その見方は正しい。しかし、もともとＮＰＯは企業ではないし、企業とは違うようにマネジメントしなければならない。したがって、その見方はまちがってもいる。

▽　具体的に言うと？

――ＮＰＯには収益という評価基準がないからこそマネジメントが必要になる。大事なことは使命と活動を明確に定義し、継続的に評価していくことである。そして金銭的な報酬ではなく、責任と成果に満足を見出すボランティアを惹きつけ、留める方法を知らなければならない。

政府における起業家精神

▽　政府機関におけるイノベーションと起業家精神をどう考えるか？

――おそらくはそれが最大の課題だ。考えてほしい。先進国の政府のうち、今日まともに機能しているものは一つもない。アメリカ、イギリス、ドイツ、フランス、日本のいずれにおいても、国民は政府を尊敬していない。信頼もしていない。

あらゆる国で政治家のリーダーシップを求める声が聞かれる。だが、それはまちがった声だ。あらゆるところで問題が起こっているのは、人に問題があるからではない。システムに問題があるからである。

いまや国民国家の政府そのものにイノベーションが必要とされている。今日の政府は、四〇〇年前に形ができた。一六世紀末につくられた国民国家と政府は当時最高のイノベーションだった。事実、二〇〇年で世界中に広まった。

いまでは新しい考え方が求められている。この六〇年間を支配してきた経済理論と経済政策についても同じことがいえる。今後二五年間、イノベーションと起業家精神がもっとも必要とされているのが政府である。

（一九九六年）

第2章　人こそビジネスの源泉

二つの成長産業――人材派遣業と雇用業務代行業

さしたる注目を集めることなく、いま驚くべきことがビジネスの世界で起こっている。第一に、働き手のうち唖然とするほど多くの者が、現に働いている組織の正社員ではなくなった。第二に、ますます多くの企業が雇用と人事の業務をアウトソーシング（外部委託）し、正社員のマネジメントさえしなくなった。

この二つの流れが近い将来に変わる気配はない。むしろ加速していくものと思われる。もちろん、そこには本章に述べるような理由がある。

とはいえ、この組織と働き手との関係の稀薄化はきわめて危険である。雇用関係にない人材の長期の受け入れや、雇用関係の雑務からの解放によるメリットの享受は、たしかに一つの行き方である。だがその間において、人の育成こそもっとも重要な課題であることを忘れてよいはずがない。それは知識経済下において競争に勝つための必須の条件である。雇用と人事を手放すことによって、人を育てる能力すら失うならば、小利に目が眩んだとしかいいようがない。

新種の従業員

いまや民間では世界最大の雇用主となったスイスに本社を置く人材派遣会社のアデコ社は、毎日七〇万人の事務系、技術系の人材をクライアント会社に派遣している。アメリカだけで二五万人である。しかし同社はマンモスではあっても、シェアは圧倒的ではない。同業他社はアメリカだけで七〇〇〇社ある。それらの人材派遣会社が毎日二五〇万人を派遣している。世界中では一〇〇〇万人とはいかなくとも八〇〇万人を派遣している。そのうち約七割がフルタイムで働いている。

五〇年前に人材派遣業がスタートしたとき、その業務は、休暇や病欠のレジ係、受付、交換手、速記者の補充だった。今日ではあらゆる職種を派遣する。社長まで派遣する。

ある派遣会社では、設計から稼働までの工場建設の一切を取り仕切る製造マネジャーを派遣している。あるいは麻酔看護士をはじめとする医療テクノロジストを派遣している。

人材派遣業の伸びとは別に、アメリカでは九〇年代最大の成長産業として、雇用業務代行業（PEO：プロフェッショナル・エンプロイヤー・オーガニゼーション）が登場した。わずか一〇年前には、そのようなものがありうることさえ知られていなかった存在である。それら雇用業務代行会社は、クライアント会社の雇用、人事業務を受託している。スタート一〇年後の二〇〇〇年には、すでに働く者二五〇万人から三〇〇万人に対して、いわば共同雇用主の役割を果たしている。企業数もすでに一八〇〇社に達した。機関誌をもつ業界団体まで設立した。

人材派遣会社と同じように雇用業務代行会社も業容を拡大している。一九八〇年代に雇用業務代行業がスタートしたとき、受託する業務は給与計算を中心とする経理だった。いまでは、雇用、人事関係のあらゆる業務、すなわち採用、訓練、人事、昇進、解雇、レイオフ、退職金、年金など多様な業務をこなしている。最初は中小企業が相手だったが、大手のエグザルト社のように、最初からフォーチュン五〇〇社クラスを対象にするものまで現われた。すでに同社は、ＢＰアモコ、ユニシス、テネコ・オートモティブから業務を受託している。創立わずか四年で、すでにナスダックに上場した。

中小企業の給与計算の受託を中心に二〇人の社員でスタートしたある雇用業務代行会社は、地方公務員一二万人をかかえる州政府をクライアントに獲得しようとしている。

人材派遣会社と雇用業務代行会社の双方が急速に成長している。人材派遣のアデコ社は年率一五％で伸びている。雇用業務代行のエグザルト社は、二〇〇一年第２四半期に売上げを四三五〇万ドルから六四三〇万ドルに伸ばした。雇用業務代行業全体では年率三〇％で伸びている。二年半で倍増のペースである。二〇〇五年には、アメリカの労働人口一〇〇〇万人の共同雇用主が雇用業務代行会社ということになる。

読者におかれては、それではクライアント会社のマネジャーたる者は、採用、昇進、解雇の決定を自らで行なわずして、どのようにマネジメントできるのかと疑って当然である。

私は、企業内研究所の主任研究員の人事管理までエグザルト社に任せているBPアムコの役員に直接聞いてみた。答えはこうだった。「彼らは私を満足させなければ契約更新はないことを承知している。たしかに社員の異動や解雇まで代行させているが、あくまでも私の指示によっている。あるいは私と相談してからである」

経営書やビジネススクールが教えていない何かが、雇用と人事の世界で起こっている。ほとんどあらゆる種類の組織の人事部門が目的とし、機能としてきたものに合わない何かが起こっている。

規制に締めつけられて

人材派遣業の伸びの理由としてあげられているものが、雇用主としての機動力の強化である。しかし、それだけでは説明がつかない。今日では、相当多くの派遣社員が長期にわたって同一のクライアント企業で働いている。何年も派遣されている者もいる。もちろん、機動力の強化というだけでは雇用業務代行業の出現も説明できない。この二つの産業の伸びは、働き手を法的に非正社員にしているところに鍵がある。両産業の成長の原動力は、まさに雇用主に課せられる規制の増大である。

今日すでに、雇用関係の規制はコスト的に中小企業を絞め殺しかねないほどある。連邦政府の中小企業局によれば、労務管理上の規制、報告義務、税務申告に要する年間費用は、社員五〇〇人以下の中小企業では社員一人当たり五〇〇〇ドルに達する（一九九五年の数字。その後の数字は発表なし）。給与、保険料、年金拠出等、中小企業の一人当たり人件費は一九九五年で平均二万二五〇〇ドルである。これに二五％が上乗せされている勘定になる。しかも一九九五年から現在までに、雇用関係の業務から生ずる費用は一割以上増加したと推定されている。

正社員の代わりに派遣社員を使うことによって、これらの費用のかなりの部分が節減される。一人当たりのコストが、正社員の給与と付加給付を合わせたものよりもかなり高いにもかかわらず、多くの企業が派遣社員を受け入れている理由が、この費用節減である。そしてもう一つの費用節減の方法が、雇用業務代行会社へのアウトソーシングによって、雇用、人事の業務をその道の専門家に任せることである。これまた中小企業局の数字によれば、働き手を五〇〇人以上まとめて管理することによって得られる節減は四割に達するという。

雇用、人事をアウトソーシングすることによって費用の節減を図れるのは、中小企業ばかりではない。マッキンゼー社の一九九七年の調査によれば、フォーチュン五〇〇社クラスの大企業さえ、それら業務のアウトソーシングによって二五％から三三％の費用を節減できるという。エグザルト社の設立は、この調査の一年後のことだった。

雇用と人事のアウトソーシングは世界的な傾向である。具体的な法律や規制は異なっても、企業に課される負担はいずれの先進国でも重い。

ちなみにアデコ社の最大の市場はフランスである。アメリカは第二の市場にすぎない。同社は日本でも年率四〇％で伸びている。雇用業務代行業のエグザルト社では、二〇〇〇年に労務管理センターをスコットランドに設立し、ロンドンとジュネーブに支社を置いた。

時間と手間

雇用、人事は費用がかかるだけではない。マネジメントに対して膨大な時間と手間を要求する。一九八〇年から二〇〇〇年までのわずか二〇年間に、アメリカでは雇用関係の規制が三八から六〇へと六割増えた。それらの規制のすべてが報告を義務づけ、違反に対しては、たとえ不注意によるものであっても、罰金その他の罰則を定めている。再び中小企業局の調査によれば、中小企業のオーナー経営者は、それら規制への対応に時間の四分の一をとられているという。

そのうえ訴訟が確実かつ急速に増加している。一九九一年から二〇〇〇年の間に、雇用機会均等委員会にもち込まれたセクハラ関係の訴えは、六九〇〇件から一万六〇〇〇件へと倍増した。その一割が調査と事情聴取に多大の時間をとられ、多額の弁護士費用をもたらしている。

圧倒的に多くのマネジメント、特に中小企業のマネジメントが、製品とサービス、顧客と市場、品質と流通という業績向上のための時間がなくなっているとこぼす。彼らは本業の仕事ではなく、雇用関係の規制という問題に取り組まされている。「人が最大の資産」との昔からのセリフを口にする気にはとうていなれない。「人が最大の負債」とさえ言っている。人材派遣会社の成長と雇用業務代行会社の出現は、まさにそれらの会社がクライアント企業をして事業をできるようにしているところに原因がある。

この間の事情は、マキラドーラと呼ばれるメキシコの対米国境地帯の保税加工工場の成功の原因にもなっている。マキラドーラでは、アメリカ、アジア、メキシコ製の部品をアメリカ市場向けに組み立てている。メーカーにとっては、マキラドーラ進出の動機は根拠薄弱な人件費の節減などではなく、母国での書類づくりからの解放にあるとさえいってよい。当地では、メキシコ企業が、アメリカ並みに複雑なメキシコの雇用関係規制を処理し、アメリカ企業や日本企業を本来の事業に専念させている。

先進国において、将来雇用関係の規制が緩和されることを示す兆候はない。逆である。いかに弱者保護のためとはいえ、アメリカでは、雇用主が対応を余儀なくされる政府機関、記録義務、報告義務、苦情、紛争、訴訟の類は増加する一方である。

分化する組織

規制が要求する費用と労力の他にも、人材派遣会社と雇用業務代行会社の成長を促す要因がある。知識労働の特性、特に知識労働者の極度の専門性である。知識を基盤とする大組織には多様な専門家がいる。彼ら全員をいかに上手にマネジメントするかが、それらの組織にとって重大な課題である。人材派遣会社と雇用業務代行会社は、ここにおいても大きな助けとなる。

アメリカでは、一九五〇年代に入ってからでさえ、徴兵免除とならない者、すなわち言われたことを行なうだけの者が九割いた。徴兵を免除されたのは、何を行なうべきかを言う立場にある者だった。免除されなかったのは、低学歴で技能のないブルーカラーだった。彼らは工場や事務所で反復的な仕事をしていた。今日ではその種の働き手は二割以下である。労働人口の四割を占めるにいたった知識労働者は、上司はいたとしてもその部下ではない。同僚である。自らの専門とする分野では、何を行なうべきかを言う立場にある。

知識労働者は同質ではない。知識は、専門化して成果をあげる。このことは、特に今日急増中のテクノロジスト、すなわちコンピュータ技師、プログラマー、弁護士補助職など知識を基盤とする知識労働者についていえる。そして知識労働者は、その専門性のゆえに、大組織においてさえ少数が散在するにすぎない。

その典型が、組織としてもっとも複雑であって、この三、四〇年間にもっとも急速に成長してきた病院である。ベッド数が二七五から三〇〇の中堅の病院でさえ、直接、間接に三〇〇〇人もの人が働いている。その半数は何らかの分野での知識労働者である。数百人規模の部門は二つしかない。看護士であり、管理部門の知識労働者である。医療テクノロジストの専門分野は三〇種類はある。理学療法士、検査技師、精神科ケースワーカー、腫瘍治療の専門家、手術室の担当者、睡眠治療室の担当者、超音波検査の担当者、心臓病治療室の担当者、その他諸々の知識労働者である。

それら専門家が、それぞれの規則と規制、資格、学位をもつ。しかもどの病院にも数人しかいない。ベッド数二七五の病院では、栄養士はせいぜい七、八人である。

そしてそれぞれの専門家が、それぞれの処遇を期待し要求する。そこで何が行なわれているかを知り、いかなる設備が必要かを知り、医師、看護士、事務といかなる関係にあるべきかを知る者が、どこか上のレベルにいることを期待し、必要とする。しかも病院のなかでは昇進の道はない。彼らのうち一人として院長になりたいとは思わない。なれるわけでもない。

今日の企業といえども病院ほど多くの専門分野はない。だが病院の域に近づきつつはある。私の知るある多店舗のデパートには、バイヤー、インテリア、外商、販促、宣伝など一五、六の専門分野がある。そのほとんどが一つの店舗に数人しかいない。金融サービス機関でも知識労働者の専門分化が進行中である。ここでも昇進の機会は減っている。投資信託の銘柄選定の専門家といえども投資信託の個人向け販売の専門家にはならない。管理職の地位についても、数人しかいないセクションの長になること以外には関心をもたない。

適材適所

今日アメリカの病院は、専門分野の仕事をアウトソーシングすることによって、これら専門化に関わる問題を解決している。すでに多くの病院が専門分野の多くをアウトソーシングしている。輸血を担当する専門家は、いくつかの病院をクライアントにもつ専門会社の社員である。こうして専門家のほうも昇進の機会をもつことになる。優秀であれば、報酬のよい大病院の輸血セクションを任され、あるいは複数の病院を担当する管理職になれる。

これら病院で専門分野ごとに個別に行なわれていることを、一括して受託しているのが人材派遣会社であり、雇用業務代行会社である。いかなる大企業といえども、高度に専門化した知識労働者を効果的にマネジメントし、配置し、満足させる能力はない。

こうして人材派遣会社と雇用業務代行会社は、雇用主だけでなく働き手にとっても重要な役割を果たす。人材派遣会社が、ヒューマン・リレーションズ学派の理論に反し、派遣される者の満足を謳い文句にしているのもこのためである。中堅の化学品メーカーで働く冶金の専門家は、待遇もよく、仕事も面白いかもしれない。だが化学品メーカーでは、それほど多くの冶金専門家は必要ない。

マネジメントの上層部には、彼が何をし、何をすべきであり、何ができるかを理解できる者はいない。役員になる可能性もない。万一なれたとしても、それは年月をかけて学び、愛しているものを放棄することを意味する。ところが、人材派遣会社の社員としてならば、最大の貢献を行なえるところに回してもらうことができる。優秀であれば、さらに待遇のよい職場で働くことができる。

雇用業務代行会社の包括契約では、クライアント企業の社員に最適の職場あるいは最適の仕事を斡旋することまで業務に入っている。しかも、そこまで踏み込んだ包括契約しか受けつけない雇用業務代行会社が多い。雇用業務代行会社にとっては、まさにクライアント企業への責任とその社員一人ひとりへの責任を、いかにバランスさせるかが腕の見せどころである。

目が届かない

人事管理は、働き手がすべてその企業の正社員であることを前提としてきた。しかし、ここまで見てきたように現実が変わった。ある者は人材派遣会社からの派遣社員であり、ある者はコンピュータシステムやコールセンター（お問い合わせ窓口）のアウトソーシング先の社員である。さらにある者は、特別の仕事を依頼された早期退職の高年者パートである。ところが現状は、このように組織の内部が多様化したにもかかわらず、全体をきめ細かく見る者がいなくなっている。

人材派遣会社は、売りものは生産性だと豪語する。派遣社員については、クライアント企業に代わって目を光らせているという。しかし、約束の実行を保証するものはない。派遣社員もまた他の働き手と同じように、働く場とそこにおける配置だけでなく、現場でのマネジメント、動機づけによって左右される。人材派遣会社にはそこまでの力はない。雇用業務代行会社にしても、正社員についてはマネジメントできても、パート、派遣社員、契約社員についてはマネジメントできない。

この人材マネジメントの欠落が問題である。正社員、派遣社員、パート、アウトソーシング先の社員、さらには取引先、販売代理店の社員のいずれもが業績を左右する働き手である。彼らのすべてに目を届かせなければならない。

その方向への動きはある。ヨーロッパのある消費財メーカーでは、優れた仕事ぶりに定評のある人事部門を別会社として独立させ、グローバルに雇用業務代行会社の役割を担わせようとしている。自らの正社員でない働き手の雇用、人事を扱わせようとしている。合弁会社や提携先二〇〇社、さらには取引先や販売店の雇用、人事まで引き受けさせようとしている。

競争力の源泉

五〇年前と比べると、あらゆる組織にとって、働き手の心身の健康と幸福に気を配ることが格段に重要になっている。知識を基盤とする労働力は、技能のない労働力とは基本的に違う。人数的には、まだ知識労働者は少数派である。ずっとそうかもしれない。だが、すでに富と雇用の最大の生み手である。これからは、企業の成功どころか生き残りさえ、彼ら知識労働者の仕事ぶりに依存する。

しかも統計的にも、いかなる組織といえども、優れた人材を多数もつことはできない。知識が基盤となる社会と経済において他に抜きんでる道は、普通の人材からより多くを引きだすしかない。すなわち、知識労働者の生産性を高めるべくマネジメントするしかない。昔からの諺をくり返すならば、「普通の人間に普通でないことを行なわせる」ことが課題である。

かつての労働力は、システムによって生産性を向上させた。フレデリック・ウィンスロー・テイラーのサイエンティフィック・マネジメント（科学的管理法）であり、ヘンリー・フォードの組み立てラインであり、W・エドワード・デミングのトータル・クオリティ・マネジメント（TQM）だった。まさに知識の体現されたものがシステムだった。それらのシステムは、働き手にさしたる知識や技能がなくとも成果をあげさせた。事実、組み立てラインにせよTQMにせよ、個人の突出した能力は他の働き手やシステムそのものにとって、むしろ迷惑な攪乱要因だった。

知識を基盤とする知識組織では、システムそのものの生産性を左右するものが、知識労働者一人ひとりの生産性である。かつては働き手がシステムのために働いたが、知識労働ではシステムが働き手のために働く。

このことのもつ意味を教えてくれる組織の例は、すでに十分すぎるほどある。大学を優れた大学にするものは、優れた教員や学者を惹きつけ、成長させ、傑出した教育と研究を行なわせる力である。オペラハウスについても同じことがいえる。知識を基盤とする企業にもっとも似た組織がオーケストラである。そこでは三〇種類もの楽器が同じ楽譜を使って、チームとして演奏する。偉大なソロを集めたオーケストラが最高のオーケストラではない。優れたメンバーが最高の演奏をするものが最高のオーケストラである。

オーケストラの立て直しを頼まれた指揮者は、あまりにだらしのない者や年をとりすぎた者しか交替させられない。新しいメンバーを大勢入れるわけにはいかない。引き継いだものを最高のものに変えなければならない。そこで優れた指揮者は、各演奏者、各パートとの接触を深める。雇用関係は与件であって、メンバーは変えられない。したがって、成果をあげるのは指揮者の対人能力である。

知識労働者は資本である

知識労働者の生産性の重要度については強調しすぎることがない。知識労働の特性は、働き手が労働力ではなく資本だというところにある。資本の働きを決めるものは費用の多寡ではない。量でもない。

もしそうであるならば、旧ソ連が世界一の経済を誇っていたはずである。決定的な要因は資本の生産性である。ソ連経済の崩壊は主として、資本の生産性があまりに低かったためである。多くの場合、市場経済の三分の一にも達せず、ときにはブレジネフ時代の農業投資のように実質マイナスだったためである。原因は簡単だった。誰も資本の生産性に関心を払わなかった。誰もそれを自分の仕事にしていなかった。生産性をあげても誰も報われなかった。

市場経済下の民間産業の経験も同じことを教えている。新しい産業においては、リーダーシップはイノベーションによって獲得され確保される。これに対し既存の産業では、リーダーシップは資本の生産性によって確保される。

二〇世紀の初め、ＧＥは技術と製品のイノベーションによって、ウェスティングハウスやシーメンスなどのライバルと闘った。しかし、一九二〇年代の初めに電機の世界で大きなイノベーションが終わって以降は、資本の生産性の向上に傾注することによって決定的なリーダーシップを握った。爾来、ずっと握り続けている。

同じように一九二〇年代終わりから六〇年代までのシアーズの繁栄も、商品や価格によるものではなかった。商品と価格ではモンゴメリー・ウォードなどのライバルも太刀打ちできていた。シアーズのリーダーシップは、他の小売業の二倍という資本の生産性の高さにあった。今日知識を基盤とする企業も、彼らにとっての資本の生産性すなわち知識労働者の生産性に焦点を合わせなければならない。

雑務からの解放

人材派遣会社と雇用業務代行会社、特に後者は、クライアント企業の経営幹部と管理職を規制や書類から解放する。規制や書類に時間の四分の一を取られることは、時間というもっとも貴重で高価で稀少な資源の浪費である。実際のところ、飽きもする。人を卑しめ、おとしめる。身につけるものは、ごまかしのテクニックぐらいのものである。

したがって、彼らクライアント企業が、業務の一本化や、人材派遣会社と雇用業務代行会社の利用によって、雇用、人事関係の雑事から解放されようとするには、それだけの理由がある。しかしそうすることによって、知識労働者との人間関係を傷つけたり、台なしにしたりすることがあってはならない。

実は、書類仕事を減らすことのメリットは、人間関係に使う時間を増やすことにある。企業の幹部たる者は、大学の学部長やオーケストラの指揮者ならば当然のこととしていることを知らなければならない。優れた組織をつくりあげる鍵は、働き手の潜在能力を見つけ、それを伸ばすことに時間を使うことである。

最高の学部をつくるには、将来性のある博士号取得者や講師を、それぞれの分野で一流にするために時間を使うことである。世界一流のオーケストラをつくるには、第一クラリネット奏者が指揮者の望む演奏ができるまで、一緒に何度も同じ楽節をリハーサルすることである。同じことは、企業内研究所の研究部長が行なうべきことでもある。

知識組織のリーダーたる者は、将来性のある知識労働者のために時間を使わなければならない。彼らを知り、彼らに知られなければならない。彼らを導き、彼らに耳を傾けなければならない。挑戦し、激励しなければならない。法的には正社員でないかもしれない。しかし、組織にとっては主たる資本であり、業績を左右する存在である。

人こそビジネスの源泉

雇用、人事の管理的業務は体系化できるし、体系化しなければならない。定型的な仕事にできるし、そうしなければならない。しかし、雇用、人事をアウトソーシングするのであれば、その仕事ぶりが自社の成果と業績を左右する存在である知識労働者の育成、動機づけ、満足度、生産性について、アウトソーシング先の担当者と密接に連携していかなければならない。

二五〇〇年前の産業革命では近代組織が生まれた。紡績会社であり鉄道会社だった。しかし、農耕、製造、小切手の整理、保険契約の台帳への記入などのそれまでの仕事と同じように、肉体労働に頼っていることに変わりはなかった。わずか五、六〇年前まで、先進社会においてさえこの状況は変わらなかった。したがって、知識を基盤とする社会と経済における主たる資本としての知識労働者の出現とその台頭こそ、かつてわれわれが経験した機械を基盤とする経済への移行と同じように、あるいはそれを上回る重大な変化である。

この変化は、たんなる仕組みや仕方の改善以上のものを要求する、新たな尺度、価値観、目標、戦略を要求する。もちろん、それらのものを手に入れるには年月を要する。しかし、知識組織における働き手のマネジメントにおいて、何を前提とすべきかを教える成功例はすでにある。われわれが前提とすべきは、たとえ従業員は面倒な存在であろうとも、人こそがビジネスの源泉だということである。

（二〇〇二年）

第3章　金融サービス業の危機とチャンス

シティの再興

この四〇年間におけるロンドンの金融街シティの再興は、シリコンバレーの興隆に比肩する出来事だった。

シティは今日、ナポレオンがワーテルローの戦いで敗れてから第一次大戦が始まるまでの一〇〇年間に誇示したほどの影響力と重要度を取り戻していない。しかしインターバンク市場を通じて、世界の銀行システムにおける中央銀行の役割を果たしている。世界一の外為市場でもある。

ブリッジローンや企業買収融資などの中期融資についても、資金こそ主にアメリカで調達しているが、そのための複雑なスキームはシティでまとめている。社債引き受けなど長期融資についても、シティを上回るのはニューヨーク市場だけである。

このシティの再興は、一九六〇年にはとうてい想像できなかった。それまでの五〇年にわたる凋落を見た後では、シティ内部の者さえシティが再び重要な存在になるとは思わなかった。

シティの再興は、ケネディ政権時代にアメリカで起こった二つのことが契機となった。キューバのミサイル危機が起こったとき、ソ連の国立銀行が資産凍結を回避するために保有外貨をシティに移した。しかしドルのままにしておいた。これがロンドンに置かれたドル、つまりユーロダラーの誕生だった。そのすぐ後、愚かにもアメリカ政府が、海外への支払い利息に懲罰的な税を課すことによってニューヨークの外債市場を破壊した。こうして、ドル建てでありながらロンドンで発行されるというユーロ債が誕生した。

もちろん、これら二つの出来事は、世界の金融サービス業に機会をもたらしたにすぎなかった。その機会をつかんだのが、S・G・ウォーバーグをはじめとするシティの金融サービス業だった。

実は、一九三〇年代に二人のドイツ人が創設したS・G・ウォーバーグは、早くも一九五九年には企業買収融資を手がけ、きわめて起業家的な銀行となっていた。それまでの七五年間、そのような起業家的な金融サービスは、一八八〇年代にJ・P・モルガンが手がけて以来、アメリカの金融サービス機関の独壇場だった。

とはいえ、世界の金融センターとしてのシティ再興の鍵は、世界中の金融サービス機関の本拠地としての一九世紀の地位の回復にあった。

一九世紀のシティの繁栄は、ドイツから来たネイザン・ロスチャイルドによってもたらされた。ナポレオン戦争後、ロスチャイルドは長期債券のロンドンでの引き受け、発行、売買を通じ、ヨーロッパ諸国と南米の新興独立国へ融資することによって資本市場をつくり出した。シティにやってきたのはロスチャイルドだけではなかった。同じくドイツからシュローダー、ノルウェーからハンブロス、フランスからラザール、アメリカからＪ・Ｐ・モルガンがやってきた。彼らはロンドンに現地法人をつくった。国籍をとる者も多かった。そして彼らは、一七七〇年にドイツ人移民の二世によって設立されていたベアリング社など地場のマーチャントバンカーとともに、シティを世界の金融センターにつくりあげた。

彼らがロンドンを選んだのは、イギリスが世界一の貿易国だったからだけではなかった。これまた、主としてロスチャイルドの発案であり貢献だった。ウォルター・バジョットの『ロンバード街』（一八七三年）に明らかなように、ロスチャイルドの貢献によって、ロンドンが世界でも抜きんでた情報センターになっていたからだった。ロスチャイルド家では、兄弟のそれぞれをヨーロッパ各地の金融中心地に配置し、伝書鳩によるイントラネットをもっていた。それはすでに、ロンドンにいるネイザンをＣＥＯとするグローバル企業だった。

知識センターとしてのシティ

二〇世紀の激動を経た今日にいたるも、シティは、ビジネス、金融、経済の知識センターであり続けている。一九六〇年代、七〇年代に、世界の金融サービス機関を再びロンドンに惹きつけたものも、この世界の知識センターとしてのシティだった。

それらロンドンに置かれた金融サービス機関は、組織的にはアメリカ、スイス、オランダ、ドイツの親会社の完全子会社あるいは支店である。しかし、経済的には本部として活動している。

ゴールドマン・サックスやシティバンクでさえ、ニューヨーク本社はアメリカ国内の業務にしか関心がないという話は、ウォールストリートでもよく耳にするところである。国際的な業務についてはロンドンから指示されている。

金融サービス業が生まれ変わった

シティの再興は、四〇年前に始まった世界の金融サービス業の成長の幕開けにすぎなかった。役者の名前は一九世紀からの古いものだったが、金融サービス業は新しい産業に生まれ変わった。ゴールドマン・サックスにしても、今日のそれは一〇〇年前、八〇年前、五〇年前とはまったく違う。J・P・モルガン、メリルリンチ、ファーストボストン、シティバンク、GEキャピタル、いずれもしかりである。アメリカ、ヨーロッパいずれの銀行もしかりである。一九五〇年当時は、いずれも国内企業の一つにすぎなかった。

事実、私がアメリカに来た一九三〇年代の半ば、ニューヨークの銀行のうち国際業務を担当する役員ポストをもっていたのは、今日では姿を消したマニュファクチャラーズとギャランティトラストの二行だけだった。国際業務担当の副頭取代理は、いずれも副頭取にはなれなかった。彼らは輸出者に信用状を出し、輸入者に外貨を売る仕事しか行なっていなかった。それ以上のことは、それぞれの国の提携銀行に任せていた。

ドイツ銀行やシティバンクの前身の海外支店にしても、自国企業にサービスするためのものだった。南米のある支店長は、一九五〇年代の初めに、「支店の仕事は、アメリカンエキスプレスがアメリカ人旅行者にしていることをアメリカ企業にしてやることだ」と言っていた。

今日では、これら金融サービス機関のすべてが、グローバル企業としてグローバルな業務を行なっている。世界中の金融拠点に進出している。しかも海外拠点のそれぞれが独自に活動している。主たる業務はもはや母国の顧客へのサービスではない。進出先国において国内業務と国際業務の双方をこなしている。

新たなイノベーションが急務

金融サービス業の業務の内容も大きく変わった。もはや一九五〇年当時の商業銀行、投資銀行、証券会社ではない。もちろん昔からの業務も行なっている。だが、強力に推進しているわけではない。

今日の業務のほとんどは、かつて存在しなかったものである。M&A（合併・買収）の仲介と資金手当、リース、海外進出融資である。さらには、かつては似たものさえなかった膨大な通貨ビジネスである。

それら新種の金融サービス機関は、一九六〇年代のシティ再生と軌を一にして成長し、七〇年代には世界中で活躍するようになった。しかし、いまやその発展にもかかわらず、むしろその発展のゆえに、二一世紀において繁栄を続けるためには新たなイノベーションが不可欠となっている。

もはやユーロダラーやユーロ債という、シティの発展をもたらした商品では金融サービス業を支えることはできない。それらのものは四〇年前のイノベーションだった。いまでは利益のあがらない市況品にすぎない。あらゆる取引において競合する金融サービス機関が多くなった。契約をとれば、出費があってもかなりの利益を手にできる。しかし、多くは出費だけで終わる。

自己勘定取引のギャンブル化

金融サービス業は、もはや取引先からの手数料ではやっていけない。このことはアメリカ、ドイツ、オランダ、スイス、いずれの金融サービス業についてもいえる。いまや収入源としては、株式、債券、デリバティブ、通貨、商品取引などの自己勘定取引に頼らざるをえなくなっている。

もちろん、なにがしかの自己勘定取引は必要である。それは債権債務のずれの調整など自らの資金繰りのために、最小のリスクで行なうべき日常業務である。しかしそれを越える部分は、市場についての情報を武器に、リスクを避けつつ利益をあげるべきものである。ところが、それが主たる業務の一つとなった途端に取引ではなくギャンブルとなる。いかにうまく立ち回っても、確率の法則に従い利益はあがらなくなる。時には大きく損をする。

これはすでに大手の金融サービス機関に起こっていることである。彼らのほとんどが大きな売買損を報道されている。あまりに損失が大きく倒産した例もある。

世界でもっとも歴史のあるロンドンの名門金融サービス機関、ベアリングズ社がその一つだった。今日ではかろうじて残ったわずかなものが、オランダの金融グループに吸収されている。同じく世界の名門金融サービス機関であるバンカーズトラストも、ドイツ銀行に身売りしている。日本企業も、住友商事の銅取引のように損失を出している。日本の金融サービス機関のいくつかは、政府の救済策によってかろうじて命を保っているにすぎない。だが、自己勘定取引で損失を出した山一證券だけは救済しきれなかった。

巨額の売買損が発生するたびに、トップマネジメントは、そのような投機が行なわれていることは知らなかった、内規違反だったと釈明する。しかし、たまたまの事件というものはそう起こるものではない。これほど起こっているものを例外的な事件として扱うことはできない。それらの事件はシステムの欠陥を示している。

そのうえ、それらの事件に共通することとして、自己勘定取引が利益をあげている間、あるいは利益をあげているように見せかけていた間、トップマネジメントが見ぬ振りをしていた節がある。損失が膨らみ隠しきれなくなるまでは、いずれの金融サービス機関もそれらの取引を行なっていたトレーダーをやり手として厚遇していた。

いかなる産業といえども、外の世界、すなわち顧客にサービスを提供することなしには、繁栄どころか生き延びることさえできない。しかるに、自己勘定取引に頼る金融サービス機関にとっての顧客は、同じように自己勘定取引をしている他の金融サービス機関である。ということは、一社の利益は他社の損失というゼロサムゲームということであり、やがていずれの経費も賄うことができなくなるということである。

唯一のチャンスは日本市場

誰の目にも見えるものとして、今日の世界の金融サービス業に残されているチャンスは一つしかない。日本市場である。日本の金融システムは、一九五〇年以前の完全なる時代遅れのままである。その日本が、最新のサービスを提供する外資系金融サービス機関の活動を認めはじめた。

日本で活動を始める金融サービス機関は、アメリカ、イギリス、ドイツ、フランスのいずれのものであれ、ただちに成功を収め、リーダー的な地位を占めている。すでに東京の外為市場では主役を務めている。年金基金や生損保の海外投資を手がけているものもある。年金基金の運用を許される日も近い。アメリカのメリルリンチにいたっては、山一からの営業譲渡のおかげで個人投資家と機関投資家の双方を顧客にしようとしている。

しかしいまのままでは、世界の金融サービス業にとって、日本は最後の活躍の舞台となる。量的には、今後数年は、アメリカに比べてはるかに遅れているヨーロッパやアジアの産業再編にあわせて資金需要が生ずる。ただし高収益は見込めない。

今日金融サービス業が手にする商品は、はるか昔に市場に出たものばかりであって、熟練した金融サービス機関や専門家があふれている。もはや金融サービスの差別化は至難である。顧客もそれを知っており、有利な条件を求めてやまない。

まがいもののイノベーション——デリバティブ

金融サービス業の苦況の原因は明らかである。金融サービス業は実に三〇年にわたって、何一つ重要なイノベーションを行なわなかった。

一九五〇年から七〇年までの二〇年間には、次から次へとイノベーションが行なわれていた。ユーロダラーでありユーロ債だった。

機関投資家が生まれた一九五〇年には、GMが近代年金基金のモデルとなった年金基金を設立し、これに続いて企業年金基金ブームが起こるとともに、とるにたりない存在だった投資信託が中核的な機関投資家へと成長した。

その数年後には、それら機関投資家向けの初めての証券会社、ドナルドソン・ラフキン・アンド・ジェンレットが生まれた。ほぼ同じころ、フェリックス・ロハティン（後に駐仏アメリカ大使）がM&A、特に敵対的買収向けの融資を始めた。

六〇年代には、今日では先進国で通貨同様の存在になっているクレジットカードが生まれた。今日、商業銀行が企業融資のほとんどを新手の金融サービス機関に奪われながら生き長らえているのは、このクレジットカードのおかげである。

さらには一九六七年、ウォルター・リストンがシティバンクのトップに就任した直後、二つのイノベーションを行なった。第一に、海外支店をもつアメリカの銀行を世界各地に本拠を置くグローバル銀行に変身させた。第二に、「銀行の事業は金ではなく情報である」として金融サービス業の事業の定義を変えた。

この三〇年間、金融サービス業で行なわれたイノベーションは、科学的と称するまがいもののデリバティブだけである。しかも、それは顧客へのサービスのためのものではない。金融サービス業自らが行なう投機の利益を大きくし、リスクを小さくしようとする試みにすぎない。リスクの法則に反しており、どう細工してもうまくいくはずがなかった。すでにトレーダーたちも承知しているように、モンテカルロやラスベガスでの確率無視の必勝法以上の代物ではありえなかった。

金融サービス商品の市況品化

この三〇年間に見られたものといえば、このデリバティブのほかには、すでにうまくいっているものをさらに少々うまくいくようにするための小さな改善がいくつかあったにすぎない。その結果、金融サービス業の商品は、今日すべて市況品同然となり、経費ばかりがかかり、利益のあがらないものとなった。

これは経済理論からも経験からも明らかなことだった。金融サービス業の今日までの軌跡は、イノベーションについての二つの古典理論、フランスの経済学者ジャン＝バティスト・セイの『政治経済理論』（一八〇三年）と、オーストリア生まれのアメリカ人、ジョセフ・シュンペーターの『経済発展理論』（一九一二年）が説いたとおりである。

セイは、産業革命時において、蒸気機関と多軸紡績機を使う綿紡績工場が利益をあげた理由を明らかにした。発明が膨大な需要を生み出し、参入者が増えるほどかえって利益が大きくなったことを明らかにした。その一〇〇年後、今度はシュンペーターが、創業者利益に惹かれた新規参入者があまりに多くなるため、そのような期間は長続きしないことを明らかにした。たとえ需要が大きくとも、まもなく低収益の市況品になるからである。

とるべき道は三つしかない

今日、金融サービス業には三つの道しかない。

もっともやさしくもっとも選ばれる可能性の大きな道が、これまでうまくいってきたものを続けることである。もちろん、それは衰退への道である。産業としては生き続けるかもしれない。今日でも綿紡工場はたくさんある。だがいかに懸命に働こうとも、下り坂はまちがいない。

第二の道は、イノベーションを行なう他の産業からの新規参入者、シュンペーターのいわゆる創造的破壊者にとって代わられることである。

それが三五年前、シティで起こったことだった。一九五〇年代から六〇年代にかけて活躍していたイギリスの金融サービス機関のうち、今日もイギリス資本であるのはロスチャイルドとシュローダーだけである。ウォーバーグさえイギリス資本でなくなっている。あとはすべてアメリカ、オランダ、スイス、ドイツ、フランスの金融サービス機関の完全子会社である。

実は、今日の金融サービス業には第一の道は残っていない。世界は、社会的、経済的、技術的、政治的な激変の渦中にある。病める産業が放っておかれることはない。もがき苦しむ巨人、特に本業をないがしろにして自己勘定取引に精を出している者からビジネスを奪うことは、あまりに魅力的である。

インターネットとeコマースの時代にあっては、価値あるものを供給できるならば、金融サービス業への参入は容易である。したがって、イノベーションを行なう新規参入者によって早期に買収されていくという第二の道こそ、大いに可能性のある道である。

もちろん第三の道もないわけではない。それは、今日の金融サービス業自らがイノベーションを行ない、自らに対する創造的破壊者になることである。

中高年中流階層に着目せよ

金融サービス業を高収益のものにするチャンスはいくつもある。ある商品などはきわめて高収益、かつきわめて容易であってイノベーションとさえいえない。働きさえすればよい。人口構造の変化を機会とする事業である。先進国と新興国で急速に増大しつつある豊かな中高年中流階層のニーズに応えることである。いわゆる金持ちではない。そのため昔ながらの金融サービス業にとっては上客ではない。一人当たりの投資額はせいぜい年間三万ドルから五万ドルである。たいしたことはない。だが全体としては、世界の石油成金、インドネシアのラジャ、ソフトウェア長者などの大富豪の資産全部を合わせたものをはるかにしのぐ。

この市場は三〇年前、セントルイスの無名の証券会社エドワード・ジョーンズによって開発された。

同社は中小企業のオーナー、企業幹部、自由業など中流階層の個人投資家に的を絞った金融商品を扱っている。他の商品からは一切手を引いた。ずっと高収益をあげ、全国区にまで成長している。

数年前にはイギリスに進出してロンドン近郊に店を構え、この市場がアメリカだけのものでないことを証明した。新しい事業、商品、顧客を手がける新規参入者でありながら、進出するや成功した。

このエドワード・ジョーンズの顧客となった人たちこそ、今日先進国と新興国でもっとも急速に増大しつつある層である。アメリカ、ヨーロッパ、中南米、日本、韓国、さらには中国の都市部など世界人口の半分近くを占める地域において、もっとも急速に増大しつつある層である。

この市場は、史上初の金融マス商品だった生命保険の市場の後を継ぐ市場となりうる。生命保険は、一八世紀から一九世紀における最大のリスクたる早死をカバーすることによって、一九一四年までの一五〇年間、世界中で高収益産業として成長し、最大の金融サービス業となった。いまや今日最大のリスクたる長命をカバーすることが、二一世紀の新商品として高収益の大産業になっておかしくない。

財務代行業務の開拓

行ないうるイノベーションの例は他にもある。いずれもまだ、誰も本格的には事業化していないものである。それは、中堅企業の財務についてアウトソーシング先となることである。

日本と韓国を除くあらゆる先進国、及び南米諸国や台湾などの新興国では、中堅企業が主役となっている。ドイツ経済を支えているのは、八万社に及ぶ中堅企業である。アメリカ、フランス、オランダ、イタリア、ブラジル、アルゼンチンの経済を支えているのも、中堅企業である。

製品、技術、マーケティング、顧客サービスについては、十分な能力をもてるだけの規模にある。しかし、それらの企業の多くあるいはほとんどが、財務については一流の能力をもてる規模に達していない。資金の生産性は低く、手元の現金は、多かったり少なかったり極端である。

今日では、データ処理、情報システム、人事、雇用、研究開発、製品開発までアウトソーシングする企業が増えている。したがって、資金のマネジメントについてもアウトソーシングする日は遠くない。

そのための手法はすでに開発されている。ＥＶＡ（経済価値分析）、キャッシュフロー予測、キャッシュフロー・マネジメントである。

それら中堅企業が財務管理において必要としているものは、容易に予測がつく。問題の種類もさほど多くなく、商業銀行ならばお手のものである。中堅企業向けの財務代行会社を設立するならば得られるものは大きいはずである。受託料だけでなく、資金需要の証券化、たとえば前述の中高年中流投資家向け金融商品への商品化でも利益をあげられる。

為替保険の商品化

可能性のある金融サービスとしては、急激な為替変動による致命的な損失を回避するための商品、すなわち通貨変動のリスクを日常の経費に転化する金融商品がある。保険料は二%から五%というところになろう。半保険半投資ともいうべきこの金融商品についても、通貨の危険度を定量化するための経済理論とデータ、保険数理、リスクマネジメントなど、必要な知識のほとんどがすでに明らかになっている。

今日の混沌たるグローバル経済に巻き込まれた膨大な数の中堅企業が、そのような保険を痛切に必要としている。そのようなリスクから何とか自分の身を守ることができているのは、グローバル事業を展開している巨大企業だけである。その他の企業にとっては、身を守ることのできるのは、リスクを確率に転化する保険によってだけである。

ここにおいても金融サービス業は、その保険をカバーするためのポートフォリオを証券化し、前述の新たな金融マーケット向けの金融商品とすることができる。

まだ間に合う

これらは、すでに現実のものとなっている中高年中流階層の市場向けサービスを別として、たんに可能性のあるイノベーションをいくつか列挙したにすぎない。

しかし、何者かがそれらのイノベーションを金融商品として開発することに成功するならば、既存の金融サービス業は甚大な影響を受ける。

中堅企業の財務管理の受託は、ＧＥキャピタルなど既存の金融サービス業がもっている高収益事業のかなりの部分を、一夜にして一掃する。急激な為替変動のリスクに備える保険は、現在の金融サービス業が行なっている通貨の自己勘定取引や、デリバティブによる投機は言うまでもなく、正常な外為ビジネスのほとんどを陳腐化させる。

既存の金融サービス業のいくつかが、最近になってようやく、二五年間も無視してきた中高年中流階層の市場の存在と重要性を認めるようになった。たとえばメリルリンチが積極的に進出を開始した。ただし同社が成功するかはわからない。他の小売業と同じように、この市場で成功するためにはかなりの集中が必要だからである。ところがメリルリンチは、昔ながらの金融商品を手がけたまま、この市場に取り組んでいる。

この三〇年の歴史をもつ市場への取り組み以外には、グローバル規模の大手金融サービス機関が、たとえ実験的にせよ、イノベーションといえるものに取り組んでいる例は一つもない。

新しい事業には、時間をかけた集中的な取り組みが必要である。ところが、そのようなことは今日の大手金融サービス機関が陥っているトレーダー的なメンタリティに合わない。だが今日、どこかの誰かが、何らかの新しい金融サービスについて検討していることは大いにありうることである。しかもそれが現実となった暁には、既存の金融サービスの多くが消え去り、あるいは著しく低収益化させられることになる。

既存の大手金融サービス機関が、再びイノベーションの担い手となるにはまだ間に合う。しかし、すでに大きく出遅れていることは確かである。

（一九九九年）

第4章　資本主義を越えて

（このインタビューは、カリフォルニア州クレアモントの著者の部屋で「ニュー・パースペクティブ・クォータリー」誌の編集者ネイザン・ガンデルスによって行なわれた。著者がテーマを指定し、インタビュアーの原稿に手を入れた。「ニュー・パースペクティブ・クォータリー」誌、一九九八年春号初出）

資本主義のまちがい

▽　最近、あなたやジョージ・ソロスのような資本主義の推進役が資本主義を批判している。改めて資本主義批判を聞かせていただきたい。

――私が支持しているのは資本主義でなく自由市場経済である。うまく機能してはいないが、他のものよりはましである。資本主義に対しては重大な疑念を抱いている。経済を最重視し偶像化している。あまりに一元的である。

たとえば、私はアメリカの経営者に対し、所得格差を二〇倍以上にするなと何度も言ってきた。これを越えると、憤りとしらけが蔓延する。私は一九三〇年代に、あまりの不平等が絶望を招き、ファシズム全体主義に力を与えることを心配していた。残念なことに、心配は当たった。

経営陣が大金を懐に入れつつ大量のレイオフを行なうことは、社会的にも道義的にも許されない。そのような行為が一般社員にもたらす憤りとしらけは、必ず高いつけとなって返ってくる。

人間として生きるということの意味は、資本主義の金銭的な計算では表わせない。金銭などという近視眼的な考えが、生活と人生の全局面を支配することがあってはならない。

市場経済理論の欠陥

▽それでは自由市場経済はどうか?

――もちろん自由市場経済の理論にも問題は多い。

市場は一つであると想定している。実際には互いにほとんど関わりのない市場が三つ重なりあっている。

第一がグローバル市場であり、国内市場であり、地場市場である。

第一がグローバル市場である。そこでは膨大なバーチャル通貨が動いている。ロンドンのインターバンク市場では、貿易と投資に必要とされる年間の資金量を越える通貨が一日で取引されている。いかなる機能ももたない通貨である。機能をもたないがゆえに、いかなる価値ももたらさない。購買力さえない。投機資金として〇・六%を稼ぐために右往左往している。

第二が貿易とは無縁の純国内市場である。アメリカ経済のうち貿易に関わりのある部分は二四%にすぎない。日本にいたってはわずか八%にすぎない。

第三が地場市場である。私の家の近くの病院は質が高く競争力もある。ところが、ロサンゼルスから四〇マイル離れているために、競争相手になっている病院が一つもない。アメリカでは経済学とは関係のない理由で、病院の市場は一〇マイル内と決まっている。誰もが病気の母親は近くに入院させたがる。

市場経済には市場が三つあるだけではない。市場の主役が交替した。二〇世紀の半ば以降のことである。

蒸気機関と鉄鋼で代表された一九世紀の市場では、供給側が需要側を規定していた。ところが大不況後、逆転した。住宅建設から自動車にいたる諸々の市場において、需要側が供給側を規定するようになった。ただし今日のIT産業と電子機器産業の一部では、まだ供給が需要を規定している。

このような市場の種類や変化に関わる問題に加えて、市場経済理論には均衡を前提とするという欠陥がある。イノベーションどころか変化さえ扱えない。一九一一年にシュンペーターが明らかにしたように、経済活動の現実は創造的破壊による動的な不均衡である。

今日の理論では市場で起こっていることを説明できない。そもそも市場が予測可能なシステムではない。本質的に不安定なシステムである。不安定である以上、何者といえども自らの行動基盤を既存の市場に置くことはできない。人間行動を説明すべき理論としてはかなり深刻な問題である。

明らかなことは、長期の均衡さえ短期の反応の集積にすぎないということである。しかし、まさにこのことが市場の強みである。市場が短期を規定する。価格変化によるフィードバックによって、市場は円卓騎士のような時間と資源の分散を許さない。かつては長く馬上にあれば何かに出会えた。今日では五週間何にも出会えないならば、道を変えるか他のことをしたほうがよいと市場が告げる。

だが、市場は短期を越えるものについては何もいえない。ご存じのように私は大企業の相談相手になってきた。コンサルティングという仕事では率直であることが大事だ。CFO（最高財務責任者）は必ず私にこう聞く。「このプロジェクトの収益はどのくらいになるだろうか」。私の答えは「一〇年もすればわかるだろう」である。

資本家の退場

▽　何年か前に、あなたは年金基金によるアメリカ経済の所有について書き、「資本家なき資本主義」と呼んだ。今日では投資信託の爆発的な伸びによって、富の分散がさらに進んでいる。アメリカ人の五一%が株式の所有者になった。これは、いよいよ大衆資本主義あるいはポスト資本主義に立ちいたったということか。

――ポスト資本主義ということは、資本主義の後というだけのことであって、まだ何と名づけたらよいかわからない段階にあるというだけのことである。そうかといって、経済民主主義と呼ぶわけにもいかない。大衆が手にした所有権がガバナンス（統治）としてまだ制度化されていない。いま言えることは、史上初めてのことが起こったということだけである。

私の家の出入りの庭師は金持ちではないが、株式投資の参考にするために、私が彼のためにドアのところに置いておく「ウォール・ストリート・ジャーナル」のマネー・マーケット面をもち帰っている。

二〇〇万口の投資信託を運用する友人のある金融マンは、顧客一人当たりの年間投資額が一万ドルから二万五〇〇〇ドルになったと言っていた。

こうして、昔風のいわゆる資本家が国民経済的には意味のない存在になった。富豪があこがれだったころには、「金持ちは資本形成に必要な存在である」とか、反対に「金持ちは搾取している」とかいわれていた。いまではそのような声は耳にしない。

あのころＪ・Ｐ・モルガンは、個人としてもアメリカ経済にとって意味ある存在だった。絶頂期には、アメリカ経済全体が必要とする資金の四カ月分の資産をもっていた。今日ビル・ゲイツは、当時のＪ・Ｐ・モルガンの実質三倍の資産をもっている。個人としてはジンギス・カン以来である。ところが、そのビル・ゲイツの四〇〇億ドルさえ、今日のアメリカ経済をまかなえるのは一日だけである。

ビル・ゲイツが意味をもつのは、彼がつくったマイクロソフトと、われわれが使っているソフトウェアに関してだけである。金持ちとしては何の意味もない。彼がその資産をどう使おうとアメリカ経済には影響がない。バケツのなかの一滴にすぎない。アメリカ経済にとって意味のある富は、今日では数千万人という人の手にある。

政府とNPO

▽社会主義は富を創出することも、社会的なサービスを提供することもできなかった。他方、資本主義は経済以外のことはすべて無視してきた。しかも市場さえ、何かをできるのは短期においてのみだといわれる。それでは長期の観点から、社会はどのようにマネジメントしていったらよいか？

――これからは、二つのセクターではなく三つのセクターが必要である。政府と企業に加えて市民セクター、あるいは第三セクターと呼ばれるもの、すなわちNPO（NGO）が必要である。

資本主義と社会主義を越えるものとしては、年金基金や投資信託を通じての所有権と、コミュニティのニーズに応えるものとしてのNPOの活動を包含する何ものかということになろう。

友人の共和党員の何人かが言うような「政府なしでもやっていける」という考えは馬鹿げている。政府は何でもできるという第二次大戦後の信仰への反動にすぎない。

われわれはすでに、政府もまた他のあらゆる道具と同じように、あることには向いているが、あることには不向きだということを知っている。政府は国防において重要な役割を果たす。また、インフラ整備のための財源を確保するうえで重要な役割を果たす。

しかし、金槌で足の爪を切れないように、政府の力ではコミュニティの問題は解決できない。政府は何ごとも全国一律でないとできない。コミュニティの事情に合わせることも実験を行なうこともできない。政府は問題を一律に扱わなければならない。しかし実際には、セントルイスでうまくいったことが、カンザスシティではうまくいかない。ニューヨークやロサンゼルスではもっとうまくいかない。

他方、利益に関心をもつだけの市場には、社会の面倒を見ることに関心も能力もない。私は企業のマネジメント・コンサルタントだと思われているようだが、実際にはこの五〇年間、NPOのコンサルタントとしてかなりの時間を使ってきた。一五年前すでにアメリカには、免税対象となるNPOが全米心臓協会や全米ガールスカウト連盟の前の理事長が運営するNPO強化のための財団に関わってきた。その財団の考えはきわめて簡単である。「NPOではそれほどマネジメントがまちがっているわけではない。しかし市場の審判がない以上、それに代わるものとして使命の絞り込みと成果志向が不可欠である」というものである。

この財団には、日本、ブラジル、アルゼンチン、ポーランドなど世界各地から問い合わせがある。それらの国でも社会セクターの機関が必要とされている。看護士協会の設立、虐げられた女性の保護、パタゴニアでの農業教育などである。

▽　既存のコミュニティが大きな存在になっている日本で、なぜNPOが急成長しているのか？

――二つあると思う。一つは既存のコミュニティが崩壊しつつあること。もう一つは若い母親に時間ができたことである。

日本にどのような問題があるか。五五歳ともなると、まだ三〇年は働けるのに定年退職させられる。スポーツや生花のクラブに入る。

あるグループは外出のできない高年者のための食事の宅配サービスを行なっている。子供が親の面倒を見なくなったこともある。しかし、そのような問題の存在を認めたくない政府機関は、このグループの活動に好意的でなかったという。そのような対応は恥である。それが日本の現実である。できない子を学校に来させ勉強を見てやるという仕事がある。二割の子供は優秀だが、放っておかれている子がたくさんいる。ここでもNPOが活動している。あるいは英会話を習いたい女性がいる。こうしたグループが全国各地に一八万五〇〇〇団体あるという。アルコール依存症の会もある。どのくらいの大きさの会かは知らないが、日本のサラリーマンなら誰でもその会に入っておかしくない。

NPOのベスト・プラクティス

▽アメリカにも、NPOでは手に負えないほど問題があるが?

——全部は見切れないかもしれない。だが、NPOの活動は多様である。そしてアメリカ人の半分以上が、一週間に四時間はコミュニティや教会のNPOで働いている。

NPOの問題解決策は創造的である。私は長い経験から重要なことを知った。見本を示すことである。他のNPOが見習ってくれる。ドラッカーNPO財団では、優れたNPOの仕事ぶりを参考にしてもらうために毎年表彰している。

ある年には、生活保護を受けているシングルマザーと重度の身体障害児を同時に支援しているNPOを表彰した。それらの女性に障害児の面倒を見てもらうプログラムだった。このプログラムのおかげで、障害児は面倒を見てもらえ、生活保護を受けていた女性たちはやがてきちんとした職について、かなりの収入を得るまでに立ち直ったという。

もう一つ、セントルイスのルーテル教会のNPOがあった。彼らはホームレス家族の四割は、わずかの支援で社会復帰できそうだと判断した。そこで必要としているものを探ることから始めた。答えは自立だった。そこで、そのNPOは壊れた家を買い取った。手を入れて中流並みの家に仕上げて住まわせた。それだけで生き方が変わったという。仕事も見つけてやった。ホームレス家族の八割が自立した。

ガールスカウトのように、ボランティアを急増させたNPOもたくさんある。五〇万人から数年で九〇万人になった。ガールスカウトでは、かつては時間的な余裕のある中流家庭の主婦がボランティアの中心だった。最近のボランティアの多くは、男社会で一週間働いた後の週末には女の子たちと時間を過ごしたいという専門職の女性だという。

加えて、アメリカでは地域の教会の成長が一つの社会現象になっている。私は二五年ほど手伝ってきた。それらの教会は、コミュニティ活動を重視し信仰を行動に表わすよう説いている。昔ながらの教会が影を薄くする一方で大いに活躍している。

カトリックでは、教皇のヨハネ・パウロ二世がアメリカでの動きの速さを心配して、司教には保守的な人たちをもってきているくらいである。司祭の妻帯や女性の叙任の問題が騒がれているが、信仰箇条が変わったわけではない。活動の活発化は新任の司教たちのせいではない。一般信者の力による。

中西部のある司教区では、司祭が七〇〇人から二五〇人に減った。修道尼はほとんどいない。ところが女性信者が二五〇〇人も活動に参加している。司祭区を管理しているのも女性の一般信者である。司祭はミサその他の秘蹟を行なうだけである。他のことはボランティアの女性が行なっている。女の子が侍者をしていただけのころに比べると、ずいぶん変わったものである。

公僕がNPOを破壊する

▽ なぜアメリカではNPOが活発なのか？

——アメリカでNPOがさかんなのは、他の国では国民国家なるものの公僕がコミュニティのNPOを破壊してしまったからである。

フランスでは、今日でもコミュニティ活動は胡散くさい目で見られている。ヴィクトリア朝のイギリスでは、コミュニティが貧困、犯罪、売春、住居の問題に取り組んでいた。ところが、二〇世紀の福祉国家がそれらのコミュニティをすべて壊した。

ヨーロッパでは国民国家を教会の支配から守ることが問題だった。今日でもヨーロッパ大陸には反教会の伝統がある。アメリカでは状況が逆だった。一七四〇年ごろジョナサン・エドワードが政教分離の原則を打ちだしたのは、教会を政治から守るためだった。アメリカには反教会の伝統がない。

この政治からの分離によって、アメリカでは宗教の多元化と国家からの自由という二つの伝統が生まれた。その結果、宗教間に競争が生まれた。この競争から他の国にはないコミュニティ活動への取り組みが発展した。ジェファーソンによるバージニア大学の設立を例外として、一八三三年のオバーリン大学の設立まで、アメリカの大学はすべてミッション系だった。

アジアの社会不安

▽　アジアの危機をどう見ているか？

——アジアの経済的な状況については騒がれているほどは心配していない。馬鹿でないかぎり、経済で解決できることはたいした問題にはならない。アジアの人たちは馬鹿ではない。問題は経済ではなく、社会のほうである。かなり深刻な緊張がある。二つの世界大戦に突入した直前のヨーロッパを思い出させる。産業革命後の都市化の混乱と社会的な緊張と同じものを、いまのアジアに見る。違いは、いまのアジアのほうがはるかにテンポが速いということだけである。

▽　韓国はどうか？

――一九五〇年代に初めて行ったころの韓国は、八割が農民という農村社会だった。日本の占領政策のために中卒さえほとんどいなかった。数人程度の事業しか許されていなかったために産業といえるものもなかった。

ところが今日では、国の九割が都市化した工業大国である。教育水準も高い。すべてが四〇年間のことだった。しかし、四〇年間における急成長がもたらす混乱は大きい。そのうえ働く者の扱いについて、韓国の経営者は隣国の日本から何も学ばなかった。日本は一九四八年と五四年に起こった政権をひっくり返すような労働争議を通じ、人を人として扱うことを学んだ。

工場見学に来た外国人に目を向けた女子工員は、集中していないとして外でなぐられたという。韓国企業の経営幹部は、働く者の扱いがひどかっただけでなく、金と権力のすべてを手中にした。中間管理職を、人種差別が激しかったころのミシシッピーの黒人教師のように扱った。軍部とつながりをもち、権力を握り、労働者を抑圧した。金大中の登場で変わったが、労使間の不信は根強く残っている。

▽ その他のアジア諸国についてはどう見ているか?

――マレーシアでは、政府の長年の努力にもかかわらず、人口の七割を占めるマレー人と三割を占める中国人との間で緊張が強い。

以前、マハティール首相からマレー人の進学率について相談されたことがある。行ってわかったことは、あそこではバナナ、ココナッツ、リンゴなどあらゆるものがあるということだ。豚や鶏もいくらでもいる。食べるに困らない。ちょっと働いてテレビとオートバイを手に入れたあと、さらに何がほしいというのか。小学校三年を終えたあと、なぜさらに学校に行かなければならないのか。同じマレーシアでも、中国人は小学校三年どころかアメリカの大学院にまで行く。英語とマレー語を同じように話す。三種類の中国語を話す。その結果、マレーシアの指導層にとっては不本意なほど影響力をもつにいたっている。そして目ざわりな存在となっている。

インドネシアでは二億人の人口のうち、中国人は三%にすぎないと説明される。それは全国統計のことだ。ジャカルタとあと二つの大都市では、中国人の人口は二〇%にのぼる。一九六〇年代のクーデター時には、五〇万人の華僑が殺された。そのため華僑はスハルトや軍に取り入った。金を渡してきた。これをイスラムの人たちが怒る。

華僑はいまや一つの経済大国だ。世界中どこでも事業をしている。専門的な職業も占めている。リーダー層にも食い込んでいる。そして、中国人国家であるシンガポール、台湾、香港以外では、どこでも目ざわりにされている。

▽　中国そのものの将来をどう見るか?

――一七〇〇年以降、五〇年ごとに内乱が起こっている国柄だ。その最後のものが毛沢東の一九四九年の革命だった。したがって、時間的にはそろそろ混乱があってもおかしくない。原因はいつも同じだった。そして、それは今日も存在している。働き口のない農民や、いつ働き口がなくなってもおかしくない大量の農民がいる。行きどころがない。

すでに二億人が流動人口になっているという推計がある。仕事につける見込みはない。政府が本気になって国有工場の閉鎖を進めるならば、これに八〇〇〇万人から一億人が加わる。

おそらくヨーロッパでのファシズムと戦争の経験が、私を神経質にしているのだろう。だが私の経験からすると、社会的な緊張は、ちょっとしたことで大変事に火をつける。そのような意味で、アジアのいまの状況を大変心配している。

一九世紀型国家の日本

▽ 日本の現状をどう見るか？

――アジアでリーダー的な地位にある国が日本である。だが今日の日本は、本質的にヨーロッパの国である。もっと悪いことには、一九世紀のヨーロッパの国である。だからいま、麻痺状態にある。

私の父が働いていたころのオーストリアや絶頂期にあったフランスのように、基本的に日本という国は官僚によって運営されている。政治家は大きな存在ではなく、しかも疑惑の目で見られがちである。無能であったり腐敗していたとしても、それほど驚かれる存在ではない。しかし、官僚が無能であったり腐敗していることが明らかになればショックである。日本はいまそのショック状態にある。

日本の官僚と同じように、ドイツやフランスの経済関係の高級官僚も五五歳で退官し、監督していた企業や産業団体に高給をもって迎えられる。日本ではもう少しスマートに行なわれる。自らの省庁に忠誠をつくす。いかなる侵食も許さない。大蔵省（現財務省）の例に見られたように、ときには経済をおかしくしてもがんばる。そうして産業界や金融界に高給をもって迎えられる。

日本の産業すべてが効率的で競争力をもつとの説は、まったくのまちがいである。国際競争にさらされている部分は、先進国のなかでもっとも少ない。自動車と電子機器の二つの産業が中心である。全体の約八％にすぎない。したがって、日本にはグローバル経済の経験がほとんどない。産業のほとんどが保護されたままであり、おそろしく非効率である。紙を輸入することになれば、大手の製紙会社は二日もしないうちに消えるかもしれない。

金融サービス業でも、門戸を開放した都度、アメリカその他の金融サービス機関に市場をもっていかれている。すでに外国為替取引は外国企業に握られた。外為のトレーダーになるには英語が不可欠である。二カ国語は流暢に話せなければならない。日本語はジュネーブではあまり使われない。資産管理の市場が開放されたときも、半年後には外国企業に取られてしまった。日本には腕のよい資産管理マネジャーがあまりいなかった。

いまの日本の銀行を見ていると、第一次大戦の直後に私の父親が頭取を務めていたオーストリアの銀行を思い出す。一人でできることを四人でやっていた。一九二三年というのにタイプライターも使っていなかった。計算機もなかった。ところが、そのきわめて非効率で人員過剰の銀行が収益をあげていた。当時のオーストリア＝ハンガリー帝国では、年五％の金利に抵抗がなかったからである。中小企業には銀行しか金を借りるところがなかった。

ところが第一次大戦後、状況が一変した。帝国は解体され、貸し付けは不良債権化し、借り手がいなくなった。プラハやクラクフの支店からの引き揚げ者を雇用し続けなければならなかった。利益はあげられず、あげた利益も間接費でくわれた。これが今日の日本である。

特定の大学からの継続採用という一八九〇年ころから続いている慣行のせいで、つい二年前まで、業績が悪化する一方であるにもかかわらず、それらの大学からの採用を続けていた企業がある。大学側のリストから削除されるのをおそれたためだった。

状況が悪化しているにもかかわらず、六つの大学から二〇〇人の新卒者を採用した企業がある。昼間はほとんどすることがなかったという。夜は上司に連れられて飲みに行っていたという。これが仕事といえるだろうか。

▽　一九世紀のヨーロッパの国としての日本は、二一世紀の大競争時代をどう生きていくのか？

――いま言ったことすべてにかかわらず、日本を軽く見ることはできない。一夜にして一八〇度転換するという信じられない能力をもっている。ただし助け合いの伝統のあまりない日本では、痛みは耐えがたいものとなろう。

一六三七年に、日本は、ヨーロッパ以外の国ではもっとも貿易がさかんだったにもかかわらず、突然鎖国を決めた。半年で国を閉じた。混乱は大きかった。そして一八六七年に明治維新を行ない、これまた一夜にして国を開いた。一九四五年には戦争に負けた。いまから一〇年前に突然ドル高がやってきたときには、ただちに生産拠点をコストの安いアジアに移した。華僑ともパートナーシップを組んだ。中国本土でもメーカーとしての地位を築いた。

日本は劇的な転換が得意である。一定のコンセンサスが得られるや、ただちに転換する。今度の場合は、おそらく何らかの不祥事が大変化の口火となる。大銀行の倒産がそれかもしれない。

今日までのところ、日本は問題が突然なくなるか、徐々になくなるかすることを夢見ている。脆弱な金融システムに取り組むことを先送りにしている。だが時の経過とともに、そのようなことはありえないことが、さらに明らかになっていく。

中国の三つの道

▽中国はどうなるか？
――今後一〇年内に中国も大きく変わる。歴史が示すところによれば、いくつかの地域に分割されるかもしれない。今日すでに特別区なるものができている。かつては軍閥ごとの支配地域があった。すでに北京の中央政府への税の納入が滞っている。公然と手を切るにいたっていないのは、それぞれの地域の国有企業への補助金が目当てである。

社会不安を起こすことなく、それらの非効率的な国有企業を再生させることが、これからの中国にとって最大の難問である。

世界最大の自転車工場は、実は西安にある。品質があまりにひどく、すぐ壊れる代物である。地元西安では、もち込みが禁止されているはずの上海製の自転車が使われている。西安の倉庫には何百万台という自転車が山積みにされている。にもかかわらず、さらに生産を続けている。八万五〇〇〇人の生活がかかっている。

北京のトラック工場のナンバー・ツーと話したことがある。一一万五〇〇〇人を使って年間四万五〇〇〇台のトラックを生産しているが、四万五〇〇〇人にまで減らせば一一万五〇〇〇台生産できると言っていた。そのトラック工場には、フォード社が一九二六年に輸出した工作機械があった。一九五〇年代の信じられないほどお粗末なソ連製の設備があった。そのうえ三つの倉庫には、コンピュータのプログラム用の機器が木枠に入ったまま置きっ放しだった。手引書の翻訳予算が六年も却下され続けているという。

これらのことは、一九二九年から三〇年にかけて旧ソ連で見られた光景そのままである。当時ソ連では、監督官庁がファンベルトなどの部品輸入を認めなかったために、畑にトラクターが放置されていた。

中国が取りうる道は三つある。第一の道は公式見解になっているものである。やがて近代化し効率化するという。事実、上海の自転車工場のような成功例がある。多くはない。

第二の道はいわば綱渡りである。この七年間、中央政府が実際に行なってきたことでもある。失業率を危険水域から戻すために補助金を注ぎ込む。次に再び失業率が危険水域に達するまで合理化を進める。そして再びインフレ政策をとる。こうして徐々に合理化を進めていく。

第三の道は、いろいろな意味でもっとも現実的な道である。それはいくつかの分野に資源を集中し、業績をあげる企業を育て、外国資本を惹きつけるというものである。いま上海がとっている道であり、うまくいっている道である。

二一世紀最大の不安定化要因

▽今日の危機は、アジアにとってグローバル化の阻害要因となるか、それとも外資を必要とするために促進要因となるか？

——危機にあって自由化を望むのは無理である。アジアに限ってのことではない。自由化は長期的には経済の発展につながるが、短期的には混乱をもたらす。

フランスの労働組合などは、もう一一〇年にわたって貿易の自由化ではなく労働時間の短縮によって雇用を維持せよと主張してきた。しかし、そうはならなかった。失業は悪化し、雇用は創出されなかった。

一九二〇年代と大恐慌時の経験によれば、残念ながら失業が増えているときには国家は門戸を開かない。戸を閉める。

▽大量生産革命は、一方において社会不安を招き、大恐慌の失業と世界大戦をもたらした。情報革命も社会不安を招き、失業をもたらすことになるか？

——そのような兆しはない。コンピュータの発明後は、オートメ化による失業が危惧された。そうはならなかった。マイクロソフトとインテルが活躍するアメリカでは、失業率はこの一〇年間で最低の水準にある。ところがヨーロッパは、ＩＴを生かせず、知識社会に対応した労働市場を生みだせずに高い失業率に苦しんでいる。

▽二一世紀の最大の不安定化要因は何か？

――何といっても人口構造の変化である。ただし、先進国における最大の問題は高齢化ではない。少子化のほうである。人口の水準維持に必要な出生率二・二を越える国は、先進国ではアメリカだけだ。しかし、それも子供四人が当たり前のラテン系のおかげである。

（一九九八年）

第Ⅳ部

社会か、経済か

第1章 社会の一体性をいかにして回復するか？

甲冑の騎士

これまでの一〇〇〇年を振り返るならば、西洋の歴史は多元主義が確立され、衰退し、蘇生した歴史だった。

南は地中海から東はギリシャにいたる西洋社会は、紀元一〇〇〇年ころにはかなりユニークな社会になっていた。それは封建社会と名づけられた。その中核にあったものが人類史上初の無敵の戦闘マシーン、甲冑に身を固めた騎士だった。紀元六〇〇年ごろ、遠く中央アジアで生まれた鐙《あぶみ》がこの馬上で戦う甲冑の騎士を可能にした。

実は紀元一〇〇〇年には、アメリカ大陸は別として鐙は世界中で使われていた。しかし、イスラム、インド、中国、日本などの文明では、甲冑の騎士は生まれなかった。それは中央の支配の及ばない独立の存在となりかねなかった。

この戦闘マシーンは、一人の騎士、三頭から五頭の馬と同数の馬丁、戦死率の高さから五、六人に及ぶ補充としての騎士見習い、高価な甲冑から成っていた。この戦闘マシーンを維持するには、一〇〇家族、五〇〇人の農民が必要だった。古代ローマの職業軍人、あるいは日本の武士が必要とした農民の五〇倍だった。

土地の支配

西洋の騎士は、自らの土地をもち、政治的、経済的、社会的な支配権を握る存在となった。それにつれて他のあらゆるものが自立した権力組織となった。国王や教皇など中央の権威に払うものといえば社交辞令ばかりで、税の類まで納めなくなった。それらの権力組織は、貴族、司教、修道院、自由都市、ギルド、大学、職業団体に及んだ。

一〇六六年に、征服王ウィリアム一世の勝利でイングランドに封建制が確立されたとき、西洋は隅々まで無数の権力組織からなる多元社会となった。すべての権力組織が自治と強力な権力、支配下にある者すべてに対する完全な政治的、社会的支配権、そして裁判権、軍事力、貨幣鋳造権を求めた。

その結果一二〇〇年には、西洋社会はそれら無数の利害集団に占領されつくされた。それら利害集団のすべてが、自らの目標をもち、自らの権勢、富、力を追求した。社会全体の利益を考えるものはなかった。こうして社会から社会全体を考える能力が雲散した。

これに対する最初の反撃は、かすかなものではあったが一三世紀に聖職者の世界で起こった。リヨンで開かれた二回にわたるカトリック公会議において、教皇が司教と修道院に対する監督権を取り戻そうとした。しかしその努力が実るには、一六世紀半ば宗教改革後に開かれたトリエントの公会議まで待たなければならなかった。皮肉なことに北ヨーロッパとイングランドをプロテスタントに奪われた後だった。

俗世界において多元主義の蔓延に対する巻き返しが見られたのは、リヨン公会議の一〇〇年後だった。一三五〇年ころにウェールズ人が発明しイングランド人が完成した長弓が、戦場における甲冑の騎士の優位性を崩した。さらに中国人が開発した火薬による火砲が、難攻不落の封建領主の城を攻め落とすようになった。

その後五〇〇年間、西洋の歴史は、主権国家すなわち社会における唯一の権力組織としての国民国家の発展の歴史となった。初めその発展は遅々たるものだった。諸々の利害集団の抵抗はあまりに大きかった。

軍隊をもち戦争を行なうことが国民国家の独占となり、私兵が禁じられたのが、三〇年戦争を終結させた一六四八年のウェストファリア条約だった。流れは着々と進んだ。諸々の利害集団は次々に自治を奪われた。ナポレオン戦争以降は、ヨーロッパ中で国民国家が勝ち鬨をあげた。聖職者さえ公僕とされ、国によって監督され、給与を払われ、主権者たる国王あるいは議会に従うべき者とされた。

唯一の例外がアメリカだった。主として宗教上の多様性ゆえに多元主義が生き続けた。しかしこのアメリカの多元主義も、政教分離によってやがて影を薄くしていった。今日アメリカで、ヨーロッパ大陸に見られる宗教政党や宗教的政治運動が力をもっていないのは偶然ではない。

多元主義を生き返らせた近代企業

一九世紀の半ば、ヘーゲルをはじめとするリベラルな政治思想家の多くが多元主義の永遠の死を高らかに宣告した。

ところが、まさにそのとき、完全に死んだはずの多元主義が生き返ってきた。事実上の権力と自立性を最初に必要としたのが、人類史上前例のない存在として一八六〇年から七〇年にかけて生まれた近代企業だった。その後続々と新しい組織が生まれた。そして、いずれも社会的支配力を行使する独立した存在となった。労働組合、終身雇用の官僚機構、病院、大学だった。いずれも八〇〇年前の多元主義のそれと同じように利害集団だった。同じように自治を求めて戦った。

それらのなかで全体のことを考えるものはなかった。第二次大戦のさなか、戦争遂行能力を損なうことをおそれて炭坑ストの回避を呼びかけたフランクリン・ローズヴェルト大統領に対し、労働組合指導者ジョン・L・ルイスは何と答えたか。「大統領は国のために働く。私は炭坑労働者のために働く」だった。この言葉こそ、あまりに率直ではあったが、今日あらゆる種類の利害集団のリーダーたちの信念となり、かつ彼らに期待されていることの表白である。

かくして再び八〇〇年前と同じように、今日多元主義が公共の利益のための政策を無効化し、社会の存立を危うくするにいたっている。

しかし、今日の多元主義と八〇〇年前の多元主義との間には大きな違いがある。甲冑の騎士、自由都市、商人のギルド、特権を与えられた司教区は、財産と権力を基盤としていた。他方、企業、労働組合、大学、病院など今日の組織は、それぞれの機能を基盤とする。それらの組織は、まさに単一の機能に焦点を絞ることによって成果をあげる。

主権国家による権力の完全掌握というスターリンの壮大な試みは、つまるところ、企業や病院はもとより軍を含むあらゆる組織が、まさに自立性を奪われて機能不全に陥ったためについえた。

組織の自立性と社会の利益

実は、今日諸々の組織によって行なわれている仕事のほとんどが、つい昨日までは家族の手に委ねられていた。家族の教育は家族が行なっていた。老人や病人の面倒は家族が見た。家族の仕事は家族が見つけた。もちろん、一九世紀の手紙や一族の言い伝えからも明らかなように、家族の手によってそれらの仕事が十分に行なわれていたわけではない。それらの仕事は、国やコミュニティから完全に独立した真に自立した組織のみが立派に行なうことができる。

したがって、これから始まる新たな一〇〇〇年、あるいは一〇〇年におけるわれわれに課された最大の課題が、それら諸々の組織の自立性を保ちつつ、しかもグローバル企業にあっては主権国家の管轄さえ超えた自立性を保ちつつ、今日では戦時以外は失われてしまった社会の一体性をいかにして回復するかである。とはいえ、われわれはいまのところ願うことしかできない。われわれは、いかにそれをなすべきかを知らない。

しかしこの望みをかなえるためには、これまで経験したことのないあることが必要となることだけは明らかである。それは、あらゆる組織が、それぞれの機能への絞り込みを厳しく保ちつつも、社会全体のために協同し、各々の政治機関と協力する意思と能力を新たにしていくことである。新たな一〇〇〇年を前にした先進国に対し、これまでの一〇〇〇年が遺した気の遠くなるほどに大きな課題がこれである。


（一九九九年）

第2章　対峙するグローバル経済と国家

国民国家のしぶとさ

経済のグローバル化が問題になりはじめたのは、いまから約三五年前である。しかし国民国家の死が予告されたのは、そのはるか前だった。『恒久平和論』（一七九五年）のイマニュエル・カント、『国家の死滅』のカール・マルクス、一九五〇年代、六〇年のバートランド・ラッセルなど最高の頭脳が、ほぼ二〇〇年にわたって国民国家の死を予告してきた。

その最新のものが、「ロンドン・タイムズ」紙の前編集長で現ＢＢＣ副会長のウィリアム・リーズ＝モッグと、全英納税者同盟会長のジェームズ・デール・デイヴィドソンによる共著『主権国民』である。彼らは、インターネットによって、容易にかつリスクなしに税から逃れられるようになるため、国家は餓死し、主権は個人に移るという。

これまで国民国家は、その明らかな欠陥にもかかわらず、驚くべきしぶとさを見せてきた。チェコとユーゴは冷戦終結の犠牲となった。しかし今日では、トルコが史上初めて国民国家として機能しはじめた。征服されたとき以外には統一されたことのなかったインドが、これまた国民国家として機能している。一九世紀の植民地帝国解体後の旧植民地も、国民国家となっている。ツァーとその後継たる共産主義体制によって統合されていたユーラシア帝国解体後の諸国も、国民国家となった。

しかも今日のところ、政治的な統合をもたらし、世界の政治コミュニティに参加することのできるのは、国民国家だけである。

したがって国民国家は、経済のグローバル化とIT革命のもとでも、しぶとく生き残ると見たほうがよい。中身は大きく変貌する。通貨財政政策、対外経済政策、国際投資政策、そしておそらくは軍事政策が大きく変わる。

漂流する国民国家

国家主権のコンセプトの生みの親とされるフランスの法律家ジャン・ボダンが、国民国家の三本柱としたものが通貨、信用、財政だった(『国家論』一五七六年)。しかし、それら三本柱が強固だったことは一度もない。

早くも一九世紀末には、主たる通貨は、国民国家が発行する硬貨や紙幣ではなかった。民間の商業銀行が創出する信用が取って代わっていた。国民国家はこれに対抗して中央銀行を創設した。一九一二年にアメリカが連邦準備制度を創設する以前において、すでに他の国民国家が、中央銀行を創設して商業銀行とその信用を支配しようとしていた。

しかし国民国家は、一九世紀を通じて、自らがコントロールすることのできない金本位制を採用した。あるいは採用せざるをえなかった。これが国民国家の通貨財政政策に制約を課した。第二次大戦後のブレトンウッズ協定が定めた金為替本位制も、金本位制よりは柔軟だったが、通貨財政政策については国民国家に主権を与えなかった。

一九七三年、国民国家はニクソンによる変動相場制の導入によって、初めて通貨財政政策における主導権を獲得した。あるいはそう主張した。国民国家とそのエコノミストは、その新たに獲得した主権を責任をもって行使するものとされた。

今日、固定相場制やそれに類する制度の復活を主張するエコノミストは、少なくとも英語圏にはあまりいない。しかし、国民国家が通貨財政政策上の裁量権を使いこなす能力と責任をもっていると主張するエコノミストはさらにいない。

しかも変動相場制においては、市場の調整によって通貨は安定するとされていた。ところが実際には、大恐慌の初期の数年を除き、平時において一九七三年以後ほど通貨が広範かつ突然に変動したことはなかった。制約から自由になった国民国家の政府が、おそるべき散財を重ねたためだった。

ドイツの連邦中央銀行は、政治から独立して健全な通貨政策を行なおうとしてきた。ドイツ統一時の財政支出のまちがいに対しても、公然かつ明確に警告した。それでも政治家は長期の経済コストを無視して、短期の人気取りを行なった。連邦中央銀行は、ワイマール共和国の末期以降最悪ともいうべき高失業率をはじめ、その後起こったあらゆることを見通していた。

政治家はいずれの国でも同じである。どの政党が政権をとろうが、どれだけ歳出の削減や自制を約束しようが違いはない。

バーチャルな通貨

国民国家の政府が自制するとの望みは幻想にすぎなかった。しかし今日では、グローバル経済が各国政府に厳しい制約を課している。国民国家に対し責任ある財政政策に戻るよう圧力をかけている。

変動相場制は、おそるべき通貨の不安定化をもたらす一方において、膨大な世界通貨を生み出した。この世界通貨は、グローバル経済とその通貨市場以外の場には存在しない。それは、投資、生産、消費、貿易などの経済活動ではなく、通貨取引によって生み出される。価値の尺度、富の蓄積、交換の手段など、いかなる通貨の定義にも当てはまらない。いかなる属性ももたない。それは現実の通貨ではなく、いわばバーチャルな通貨である。

しかし、その力は本物である。あまりに膨大なために、一国への出入りそのものが、金融、貿易、投資にともなう通貨の流れよりもはるかに大きなインパクトを与える。一日で、全世界が貿易と投資において一年間に必要とする額を取引する。経済的な機能をもたないがゆえに、まったく自由に移動する。トレーダーがクリックするだけで、数十億ドルが通貨から通貨へと移動する。通貨としてのいかなる経済的な機能ももたず、金融上のニーズも満たさないがゆえに、経済の論理に従うことがない。移り気であって、噂や予期せぬことによって簡単にパニックに陥る。

その一つの例が一九九五年春のドル売りだった。それはクリントンに歳出予算を変えさせ均衡財政を余儀なくさせた。上院の多数派である共和党が財政の均衡を義務づける憲法修正案を通過させられなかったことが原因だった。法案そのものは、上院を通過しても実質的な意味をもたなかった。抜け穴だらけのうえに、三八州の批准を得るには何年もかかるはずだった。

ところが各国の通貨トレーダーは狼狽し、ドル売りに走った。すでに対円レートで一〇％安くなっていたドルが、二週間でさらに二五％下がった。一ドル一〇六円が八〇円を切った。

さらに悪いことに、このドル売りがアメリカの財政赤字を埋めるための国債の暴落を招いた。アメリカ、イギリス、ドイツ、フランス、スイス、日本の中央銀行による協調介入は数十億ドルの損失とともに失敗した。ドルが元の水準に戻るには、その年の残りの大半を要した。それでもドル安であることに変わりはなかった。

同様に一九八一年のフラン売りは、ミッテランをしてわずか三カ月前の選挙公約を放棄させた。

そのほかにも、スウェーデンのクローナ売り、ポンド売り、リラ売り、メキシコのペソ売りがあった。いずれにおいても勝ちをおさめたのはバーチャル通貨のほうだった。グローバル経済こそ通貨財政政策の最高の裁定者であることを示したのだった。

しかしながら、通貨パニックは財政の節度を守らせるための優れた治療ではない。メキシコの場合、治療は病気よりもひどいものだった。一九九五年のペソ売りは、何もなかった国が新興国として立ち上がるまでのほぼ六年間にわたる努力を台なしにした。

通貨財政政策の健全性の回復

だが今日のところ、財政に節度をもたせる働きをするものは、このグローバル通貨以外にない。唯一有効な方法は、グローバル通貨に頼る必要のない通貨財政政策をとることである。そのためには三年ないし五年のスパンで予算を均衡ないしは均衡にきわめて近い状態に保つことである。このことは、国民国家の通貨財政政策の自立性に対し、再び厳しい制約を課すべきことを意味する。

現在、通貨財政政策の節度ある運営を確保するために、国民国家の枠を越えた超国家的な制約を設けるための作業が進行中である。他方、二一世紀冒頭に予定されているEU共通通貨の発行が、参加各国の通貨と信用に関わる権限を国民国家の枠を越えた独立機関に移行させることになる。

加えて、アメリカの連邦準備制度理事会が、国民国家の通貨財政上の主権を残しつつ、各国の中央銀行からなるコンソーシアムにこれと同じ権限を与えることを提案している。

いずれのアプローチもすでに現実となっているものの制度化である。すなわち、経済に関わる基本的な決定は、すでに国民国家ではなく、グローバル経済においてグローバル経済によって行なわれているという現実である。

実際は、二五年前の変動相場制への移行によって国民国家に与えられた通貨財政上の無制限の主権は、国民国家の政府にとって好ましいものではなかった。それは、政府からノーと言う能力を奪った。意思決定の権限を政府から利害集団へと移行させた。これこそ、今日目にする政府への信頼と尊敬の急速な低下という厄介な事態の主たる原因だった。

皮肉なことに、こうして通貨財政上の主権の喪失が、国民国家の弱体化ではなく、その強化をもたらすことになるかもしれない。

貿易をめぐる因果関係が変わった

さらに重要なこととして、グローバル経済の進展は、各国政府が対外経済政策の基盤としてきた前提と理論を無効にしつつある。数十年にわたって有効だった理論を覆す何かがグローバル経済に起こっている。

一九八三年にレーガン政権と日本政府が一ドル二五〇円のレートを放棄したとき、ドルが円に対し五〇％以上下落したのはなぜか。ドルが過大に評価されていたとはいえ、妥当なレートは二三〇円前後だった。二〇〇円以下になるとは予想されていなかった。しかもドルはさらに下がり、二年後には六〇％安の一二〇円となった。これまたなぜか。

今日にいたるも原因は説明できない。さらにわからないのは、なぜ円に対してだけ下がったのかだった。他の通貨に対しては上がっていた。これも予想されず説明もできないことだった。

レーガン大統領と彼の経済顧問たちが、対日貿易赤字を解消するためにドル安を望んでいたことはたしかだった。あらゆる理論と一〇〇年に及ぶ経験が、ドル安はアメリカの対日輸出を増やし、対日輸入を減らすことを教えていた。日本の輸出企業、特に自動車メーカーと電子機器メーカーは、この世の終わりとばかりに悲鳴をあげた。

たしかにアメリカの対日輸出は急増した。ところが、ドル高になったいくつかの国への輸出がそれ以上に増加した。しかもアメリカの対日輸入は、ドル安にもかかわらず対日輸出の増加を上回って伸びた。そのため対日貿易赤字はさらに増大した。

この一五年間、円に対してドルが安くなるたびに、アメリカ政府は日本の対米貿易黒字は縮小するといってきた。そのたびに日本は破滅だと悲鳴をあげた。しかしそのたびに、日本の貿易黒字はほとんどただちに増加した。

よく行なわれた説明が、日本のメーカーは天才だというものだった。たしかに日本の輸出品メーカーは有能だった。しかしいかに天才といえども、五〇％に及ぶ瞬時の収入減を克服することはできない。ありうる説明は、日本全体としてはドル安で苦しむ一方、利益もあったということでしかない。日本は農産物と原材料の輸入国である。それらのすべてがドル建てである。日本は製品の輸出でドルを得るとともに、それらのものの輸入にドルを使っている。たしかにトヨタをはじめとする個別の輸出メーカーは、受け取るドルから得る円が二分の一というのでは大きな損失を被る。しかし日本経済全体では、ドル安も一時の攪乱要因にすぎなかった。

だが、ここでもう一つおかしなことがある。なぜ日本は輸入品の代価をより多く払わずにすんだのか。あらゆる理論と経験によれば、それら日本の輸入品の価格はドルの下落分だけ上昇しなければならなかった。日本はドル安前と同じだけの円を払わなければならなかった。もしそのようになっていたならば、日本の対米貿易黒字もなくなっていたはずである。

しかし今日、世界の市況品価格は一九八三年当時よりもさらに下落している。このことについても説明はない。

レートと関係のない貿易

納得のできる説明は一つしかない。伝統的な貿易理論にはない説明である。商務省の推計によれば、先進国の輸出の四割以上が海外にある子会社と系列会社向けだという。法的あるいは統計的には輸出である。しかし、経済的には企業内移転である。それらの製品は海外の工場や系列会社の生産活動用の設備、機器、部品、半製品であって、レートに関わりなく継続して必要とされる。この相互依存体制を変えるには時間がかかりコストもかかる。今日、貿易とされているものの四割は法的にそうであるにすぎない。しかもその割合は、さらに増えている。

国際貿易理論は貿易に投資が続くことを当然としてきた。また多くの人が貿易とは財の貿易のことと思ってきた。しかし、今日では投資に貿易が続いている。しかも財の移動よりもサービスの移動がグローバル経済の駆動力となっている。

第二次大戦後、財の貿易はいかなる時代よりも急速に伸びた。しかし、金融サービス、経営コンサルティング、会計、保険、小売りなどのサービス貿易のほうがさらに伸びている。かつてこのサービス貿易は統計さえとられなかった。ところが今日では、サービス輸出はアメリカの全輸出の四分の一を占め、唯一の黒字の稼ぎ手となっている。このサービス貿易は貿易理論に従わない。そのほとんどがレートの変動と関係がない。レートに敏感なのは旅行業だけである。

これと同じ現象は、あらゆる先進国とほとんどの途上国に見ることができる。

経済の重心は先進国の外に移りつつある。わずか一五年前までは、途上国の発展は先進国の繁栄に依存するとされていた。ところがこの二〇年というもの、先進国の経済はあまり芳しくなかった。今日見られる世界の貿易と生産の伸びは、ひとえに新興国の成長のおかげである。

このような状況の主な原因は、知識が主たる経済資源の座を土地、労働、資本から奪ったことにある。ここでいう知識とは、第二次大戦中にアメリカで発展した教育訓練の考え方と方法を指す。この知識が、低賃金イコール低生産性というかつての公理を破壊した。いまや教育訓練の力によって、少なくとも八年から一〇年間は、新興国の賃金のままで世界水準の生産性を発揮できるようになった。

新しい理論と政策

これらの新しい現実が、これまでとは異なる経済理論と対外経済政策を要求する。

安いレートは輸出を伸ばすが、対外投資能力をそぐ。そしてもし貿易が投資に従うのであれば、安いレートはやがて輸出を減少させる。これがいまアメリカに起きていることである。ドル安は短期的には輸出を増やした。しかし長期的には対外投資能力をそぎ、海外市場の創出能力をそいだ。

こうしていまや日本が、東アジアと東南アジアの新興国市場におけるシェアとリーダーシップにおいて、アメリカのはるか先をいくことになった。

新しい理論と政策が必要とされていることは、「USニュース・アンド・ワールド・レポート」誌編集長のジェームズ・ファローズその他が一九世紀ドイツの経済学者フリードリヒ・リストの経済政策として紹介している理論に対する関心の高まりからも明らかである。

リストが一八三〇年代にドイツで主張した国内経済のための幼稚産業保護政策は、実はリストが考えた理論でも、ドイツ生まれの理論でもなかった。それは、紛れもないアメリカ生まれの理論だった。アレグザンダー・ハミルトンの『製造業に関する報告書』（一七九一年）から生まれ、ヘンリー・クレイが二五年後に「アメリカン・システム」と名づけて発展させたものだった。それは、ドイツから亡命中のリストが、クレイの政策秘書を務めていたころに知ったものだった。

この昔の理論が魅力をもつのは、ハミルトン、クレイ、リストが貿易に焦点を合わせていないところにある。彼らは自由貿易論でも保護貿易論でもなかった。投資に焦点を合わせていた。

第二次大戦後の日本とそれに続いたアジア諸国も、ハミルトンとクレイが揺籃期のアメリカのために唱えたものと同じ政策を推進した。これから次の世代にかけて現われる対外経済政策もまた、自由貿易論でも保護貿易論でもなく、貿易よりも投資に焦点を合わせたものとなるに違いない。

グローバル企業の出現

グローバル経済のもとでは、企業は多国籍企業からグローバル企業へと変身せざるをえなくなる。これまでの多国籍企業は、海外子会社をもつ国内企業だった。海外子会社は親会社のクローンだった。アメリカ企業のドイツ子会社は、ドイツで販売するほとんどあらゆる製品について、ドイツで部品を調達し、ドイツで組み立てていた。しかもドイツ人だけを雇うという自己完結的な事業を展開していた。

今日なお、国際的に事業を展開している企業の多くが多国籍企業のままでいる。しかし、グローバル企業への転換はすでに始まった。そのスピードは速い。

製品やサービスは同じかもしれない。だが、組織構造が根本的に違う。グローバル企業にとって経済単位は一つしかない。グローバル市場である。販売、アフターサービス、広報、法務は現地で行なう。しかし、経営戦略、研究開発、部品調達、生産、マーケティング、価格決定、財務、マネジメントはグローバル市場を考えて行なう。

アメリカのあるハイテク企業は、世界各地に展開する四三の工場すべてで使うある部品を、ベルギーのアントワープ郊外で生産している。そこではその部品だけをつくっている。製品開発は三カ所で行ない、品質管理のコントロールは四カ所で行なっている。この企業にとって国境の存在はあまり意味がない。

グローバル企業は国民国家の政府の管理下にないわけではない。政府のいうことには対応していかなければならない。しかしその対応は、グローバル市場とそのための技術についての戦略や行動にとっては個別の措置にすぎない。グローバル企業は自らを、国民国家とは関係のない独立した存在と捉える。そのような自己認識は、トップマネジメントの構成にも現われる。

世界でもっとも有名な経営コンサルティング会社のマッキンゼーは、本社はニューヨークだが、トップはインド人である。今日のところ唯一のグローバル化した大手商業銀行となっているシティバンクのナンバー・ツーは中国人である。

アメリカの抵抗

アメリカは、国内法を海外に適用することによって、この流れに対抗しようとする。その典型が特殊アメリカ的ともいうべき法律、すなわち独占禁止法の域外適用である。民事訴訟法、製造物責任法(PL法)、腐敗防止法によっても、グローバル企業を規制しようとしている。キューバとイラクに対する経済制裁をグローバル企業の活動に適用している。

アメリカは世界最大の経済大国であり、今後もその座を維持し続けるに違いない。しかし、グローバル経済をアメリカの価値、法律、経済にはめ込む試みは、結局は不毛に終わる。一夜にしていかなる主役も登場しうるグローバル経済においては、全能の経済大国はありえない。

いままさに、グローバル経済全体が受け入れ可能な強制力のある価値、法律、経済のルールが必要とされている。グローバル経済のためのルールを策定し、執行する力をもつ国際機関と国際法の発展こそ、今日われわれに課された課題である。

変更を余儀なくされる戦争のコンセプト

互いに相容れないが、グローバル経済と全面戦争こそ、ともに二〇世紀の子である。かつて戦争における戦略上の目標は、クラウゼヴィッツが言ったように、敵の戦闘能力の破壊、敵国の軍事力の破壊にあった。敵国の民間人やその財産は目標とされなかった。

例外はあった。南北戦争末期のシャーマン将軍によるジョージア進軍の狙いは、敗走する南軍ではなく、民間人とその財産にあった。この進軍がいまなお鮮明に記憶されているのは、それが例外であり、例外であることを承知のうえで行なわれたからである。

その数年後の一八七〇年から七一年に行なわれた普仏戦争では、プロシアのビスマルクがフランスの金融システムを守るべく最大の配慮を払った。

ところが、二〇世紀最初の戦争、すなわちボーア戦争において、このルールが変えられた。戦略上の目標が、敵の潜在的戦闘能力の破壊、すなわち敵の経済の破壊と定義され直した。近代西洋の歴史上初めて、敵国の民間人が対象とされた。ボーア軍の戦闘意欲をそぐために、イギリス軍は史上初めての強制収容所をつくり、ボーア人の婦女子を押し込めた。

二〇世紀に入るまでは、欧米にはもう一つルールがあった。自国にいる敵国の民間人に対しては、政治的な行動さえしなければ何もしないこととされていた。しかし第一次大戦中に、イギリスとフランスが、国内にいる敵国人すべてを強制収容した。アメリカは加わらなかった。ドイツとオーストリア側もそのようなことはしなかった。一九〇〇年までは自国にある敵国人や敵国企業の事業や資産に対して何もしなかった。ところが第一次大戦では、ここでも初めにイギリスが、敵国の資産を接収して自らの管理下に置いた。

今日では、このような全面戦争のルールが定着し、ほとんどの人が自然の法則のように当然のこととしている。ミサイル、人工衛星、核兵器が出現したいまとなっては、民間人を巻き込まないことを条件とする一九世紀の考え方に戻ることはもはや不可能かもしれない。近代戦においては、もはや純粋の民間人は存在しないとされる。

しかし敵国の経済を破壊するならば、戦争には勝利するかもしれないが、平和に勝利する可能性は損なわれる。これこそ、二〇世紀の二つの戦後、つまり一九一八年からの二〇年と、一九四五年からの五〇年という二つの時代からわれわれが学ぶべき重要な教訓の一つである。

マーシャル・プランをはじめとする史上例のないアメリカの戦後援助政策は、かつての敵国の経済を復興させただけでなく、自分たち戦勝国に対しても経済発展と繁栄をもたらした。それらの政策がとられたのは、ジョージ・マーシャル、ハリー・トルーマン、ディーン・アチソン、ダグラス・マッカーサーなどが、第一次大戦後の懲罰的講和がもたらした破滅的な結果を知っていたからだった。

そして今日、これまたクラウゼヴィッツの言うように、戦争が政治の一環というのであれば、全面戦争のコンセプトもグローバル経済の現実を前にして再考を迫られているというべきである。

企業が多国籍企業からグローバル企業へと変貌しているとき、全面戦争のドクトリンは国民国家にとって有害無益である。

第一次大戦時において、イタリア最大の兵器メーカーはフィアットなる自動車メーカーだった。ところが、イタリアの敵となったオーストリア＝ハンガリー帝国最大の兵器メーカーが、イタリア・フィアットのオーストリア子会社だった。

オーストリア・フィアットは親会社設立の一、二年後に設立されたが、オーストリア＝ハンガリー帝国のほうが市場が大きかったために、一九一四年には親会社よりも大きくなり、しかもより進んだ技術をもつにいたっていた。このイタリアの会社の子会社をオーストリアの軍事生産の中核にするには、銀行口座を変更するだけで十分だった。

今日のグローバル企業の海外子会社といえども、自ら組み立てを行ない販売を行なっているかもしれない。しかし自らが製造しているのはブレーキだけかもしれない。ただし、そのブレーキは世界中の組立工場に供給され、逆に、その子会社が組み立てているブレーキ以外の部品は、すべて他の工場から供給されているのかもしれない。

今日では、そのようなグローバルな事業展開が完成車のコストを大幅に削減させている。このことは、いかなる子会社といえども、他から切り離されるならば何一つ生産できないことを意味する。今日では多くの先進国において、そのようなグローバル企業が工業生産の三分の一から二分の一を占めている。

グローバルな機関の役割

私はここで問題の解決策を知っている振りをするつもりはない。しかし前例はある。一九世紀最大の社会的イノベーションともいうべき国際赤十字である。それは、一八六二年にスイス人のジャン・アンリ・デュナンが唱えて一〇年後に発足した世界最初の、しかも今日も活躍を続けているグローバル機関である。

今日、国際赤十字が傷病者と戦争捕虜の処遇に関して行なったことを、民間人とその財産に関しても行なわなければならない。ここにおいても、国際赤十字と同じように、国民国家の主権を相当程度制限することのできるグローバル機関が必要とされている。

常に勝利してきた国民国家

すでに産業革命の初期のころから、国家間の経済的な相互依存性は国家主義的な情熱よりも強く作用するはずであると説かれてきた。最初にこれを言ったのがカントだった。南北戦争勃発の直前、一八六〇年の穏健派も、サムター砦で最初の銃声が轟くまでそう考えていた。オーストリア=ハンガリー帝国の自由主義者たちも、最後の瞬間まで、分裂するには経済的な結びつきが強すぎると考えていた。明らかに、ミハイル・ゴルバチョフも同じように考えていた。

しかし、この二〇〇〇年を見るかぎり、政治的な情熱と国民国家の政治が、経済的な合理性と衝突したときには、必ず政治的な情熱と国民国家のほうが勝利してきている。

（一九九七年）

第3章　大事なのは社会だ――日本の先送り戦略の意図

日本についての五つの謬説

アメリカの対日政策、特にアジア経済危機の際の政策は五つの仮説のうえに立っていた。いずれも、アメリカの政策当局、日本専門家、企業人の固定観念ともなっているものだった。だが、いずれも眉つばだった。

第一が、政策決定の独占や行政指導による経済支配に見られる官僚の優位性は、日本独特のものであるとの仮説だった。第二が、とはいえ、官僚を権力者から公僕へと本来あるべき位置にもっていくことは難しくない、必要なものは政治的な意思だけであるというものだった。そして第三が、日本の官僚のようなエリート支配は先進社会には必要ない、民主主義にとっても好ましくないというものだった。

第四が、規制緩和への官僚の抵抗、特に金融分野での抵抗は一種の支配欲によるものであって、その害たるや甚大である、不可避のものを先送りするならば事態は悪化するだけであるというものだった。第五が、しかし結局は、賢明な日本はアメリカと同じように経済を優先させるに違いないというものだった。

正しい仮説

これらの謬説に対し、日本についての正しい仮説は次のとおりである。

第一が、官僚の優位性はほとんどあらゆる先進国で見られるとの仮説である。アメリカといくつかのあまり人口の多くない英語圏の国、すなわちオーストラリア、ニュージーランド、カナダのほうが例外である。日本の官僚の優位性は、他の先進国、特にフランスに比べるならばまだまだ劣っている。

第二が、日本の官僚は、われわれが考えるよりもはるかに耐久力があるというものである。日本の官僚は、長年の不祥事と無能の暴露にもかかわらず権力を維持してきた。

第三が、先進国では、アメリカを別として、社会の維持にはエリートの指導力が必要とされているというものである。後を継ぐべき者が現われないかぎり、既存の指導層に頼らざるをえない。今日の日本には、官僚の後を継ぐものは現われそうにない。

第四が、日本では先送り戦略が有効であるというものである。日本はこの四〇年間、解決不能とされていた社会的な問題を、問題の解決ではなくむしろ先送りによって二度までも解決してきた。もちろん、今日の金融システムにおける構造上の脆弱さと資金的な余力を考えれば、今度ばかりは先送り戦略もうまくはいかない。しかし経験的には、日本の先送り戦略には一概に不合理とはいえないものがある。

そして第五が、日本の政治家、官僚、経済界などの政策形成者にとっては、大事なのは経済よりも社会であって、先送りこそ合理的な戦略であるというものである。

天下り問題

当人にとっての最高のポストに到達した四五歳から五五歳の官僚が大企業などに迎えられるという、日本語でいう天からの降臨すなわち天下りは、アメリカでは日本特有のものとされている。それは、日本における官僚の支配、権力、特権のあからさまな象徴とされている。しかし、これはアメリカを含むあらゆる先進国に共通の慣行である。

私自身の身近な例をひくならば、私の父は第一次大戦の直後、オーストリアの商務省で官僚としてトップの地位までいった。そして一九二三年には、四〇代の若さで大銀行の会長兼頭取に迎えられた。前任もそうだったし後任もそうだった。同じことは大蔵省でも行なわれていた。オーストリアでは今日でも主要省庁の幹部の天下りが行なわれている。

日本では、天下りした者の報酬はよいが閑職であることが少なくない。事実上、月に一度、いわば報酬をもらいにいくだけでよいこともある。これに対しヨーロッパ諸国では、オーストリアの官僚が銀行の頭取になるように、天下りした者は産業の現場に迎えられる。

天下りがよいか悪いかは、ここでは問題にしない。重要なことは、それが世界中で行なわれているということである。

ドイツでは、省庁の幹部になれない官僚さえ、業界団体の専務理事という報酬もよく、実権もある地位に天下る。企業にとって業界団体への入会は強制的である。しかも、特別に力のある大企業は別として、あらゆる企業が政府や労組との関係をこの業界団体を通じて処理する。当人が社会民主党員であれば、同じように報酬がよく、実権のある労組の書記長やチーフ・エコノミストに天下る。

フランスでは、四〇歳から四五歳で栄ある財務官に任命された後、産業界や金融界のトップに天下る。権力をともなう重要な地位のほとんどが元財務官で占められている。イギリスでさえ、高級官僚は銀行や保険会社の頭取や社長に天下る。

アメリカでも天下りは周知のことである。何十人もの元将軍や元提督が、防衛産業や宇宙開発産業に役員として天下る。議会スタッフや政治任命の官僚というワシントンの支配層が、ロビイストや法律事務所のパートナーとして迎えられる。

官僚の力

ところが、日本の官僚は絶頂期にあった一九七〇年当時でさえ、経済的な影響力ではヨーロッパの官僚に遠く及ばなかった。フランスやドイツでは政府自らが経済活動の相当部分を所有している。ヨーロッパ最大の自動車メーカー、フォルクスワーゲンの株式の五分の一はザクセン州が保有し、完全な拒否権をもつ。ごく最近まで、フランス政府は主な銀行と保険会社のほとんどを所有していた。ヨーロッパ大陸第三の経済大国イタリアも同様である。

ところが日本では、政府が所有する大きな経済活動は郵便貯金だけである。日本では行政指導や影響力の行使によって行なっていることを、ヨーロッパでは統制的な経済のもとで、企業の所有者及び経営者としての意思決定権によって行なっている。

エリート指導層の耐久力

官僚の力を弱めることはそれほど難しいことなのか。日本の官僚のこれまでの実績はさほど優れたものではない。この二五年間、失敗ばかりしてきた。一九六〇年代から七〇年代にかけては、補助すべき対象を誤ってメインフレーム・コンピュータに力を入れた。その結果、日本は情報産業だけでなくハイテク全般で大きく後れを取った。

日本の官僚は八〇年代にも失敗した。わずかな景気後退に脅えてバブルを招き、今日の金融危機をもたらした。銀行、保険、メーカーによる株と土地への過剰投資を招き、価格高騰を引き起こした。

その結果、最悪ともいうべき不良債権を発生させた。しかも官僚は、九〇年代の初めにこのバブルがはじけたとき、経済を立ち直らせることができなかった。そこで株価と地価を引き上げ、消費と投資を刺激するために、ニューディール時代のアメリカを上回る資金を注ぎ込んだ。しかし効果はなかった。

一九九七年にはアジアの金融危機に不意を打たれ、アジアへの投資を奨励することぐらいしかできなかった。そのうえ、権威ある大蔵省や日銀の不祥事が明るみに出た。彼らのリーダーシップに疑問が投げかけられ、官僚システムを支持し続けてきた大企業さえ批判的となった。今日、大企業を代表する経団連は規制緩和と官僚の権限の縮小を強く求めている。

だがこれまでのところ、大きな変化は起こっていない。ある有力な高級官僚を棚上げしようとした政治家のささやかな動きさえ、数週間後にはうやむやにされている。たしかにアメリカの目には、日本では異常なこと、特殊日本的なことがまかり通っているように見える。

しかし日本のような、家柄や富ではなく能力に基礎を置く指導層というものにはおそるべき耐久力がある。信用をなくし敬意を失った後も長い間、力をもち続ける。そのよい例が、かつてのフランス軍部だった。

一八九〇年代のドレフュス事件が、軍の不公正、無恥、欺瞞を明るみにし、その社会的な指導力の基盤としていた軍人魂の偽りを暴露したとき、軍部の権威は失墜した。

しかるにフランス軍部は、第一次大戦において無意味な殺戮をもたらすしか能のないことを示した後でさえ力をもち続けた。第一次大戦後の平和主義全盛時に信頼を失っていた彼らが、一九三六年のレオン・ブルム政権による文民統治の試みを粉砕した。共産党とさえ手を組み、ブルムを失脚させた。

そして一九四〇年、その無能のゆえにフランス史上最悪の敗戦をもたらした直後というのに、彼ら軍部は、ヴィシー政権の有力者たちをして、傀儡政権が必要とする正統性と支持を獲得するために、老いぼれたマーシャル・ペタン元帥をかつぎ出させるだけの影響力を残していた。

民主主義下の指導層

自らの力を奪おうとするあらゆる試みを挫折させるという、時のエリート指導層のおそるべき力は日本特有のものではない。先進国、特に民主主義の先進国は、エリート指導層を不可欠とする。何らかの指導層が存在しないことには、社会と政治が混乱に陥る。民主主義そのものが危うくされる。

そのような観念にとらわれていないのは、アメリカと英語圏の若干の小国だけである。アメリカは一九世紀の初め以降、エリート指導層などもったことがない。まさにアメリカ社会は、トクヴィルをはじめとするほとんどのアメリカ研究者が指摘しているように、あらゆる層が正当に評価されず十分な敬意を払われていないと感じているところに強みをもつ。

だが、アメリカが例外であって、日本が普通である。アメリカ以外の先進国では、エリート指導層が存在しなければ、政治の安定も社会の秩序もありえないことが常識となっている。

シャルル・ドゴールとコンラッド・アデナウアーの例を見てほしい。いずれも壮年時には、フランスの軍部、ドイツの官僚機構という時の指導層にとってアウトサイダーだった。優れた能力にもかかわらず地位も力も与えられなかった。

ドゴールが将軍になったのは第二次大戦勃発後のことであって、小さな師団を任されたにすぎなかった。アデナウアーにいたっては、最高の政治家、行政官として広く認められ、実際ワイマール共和国の全大臣より有能だったにもかかわらず、大臣にもなれなかった。そして、彼ら二人のいずれもが時の指導層に迎えられていないことを不当とし、その指導層を公然と馬鹿にしていた。しかしその二人が二人とも、戦後において力を握るや、新たなエリート指導層を自らつくり出した。

一九四五年に大統領に就任したドゴールが最初に行なったことが、フランスの官僚を指導層に据えることだった。彼は分裂した官僚機構を整備し、政治と経済の中核に据えた。財務官なるものに強大な権力を与え、エリート指導層養成のための国立行政学院（ＥＮＡ）をつくった。その後、財務官を含め、フランスの政治、経済、社会の指導層の過半をＥＮＡの卒業生が占めるようになった。

一九四九年にアデナウアーが首相に就任したとき、ドイツの官僚機構の権威は地に堕ち、ナチ支配の後遺症に苦しんでいた。そこで彼がただちに行なったことが、この官僚機構に指導層の地位を与えることだった。彼自身ナチに二度投獄されていながら、アメリカとイギリスの圧力に抗して、官僚に対する非ナチ化措置の行きすぎを抑えただけでなく、ナチに奪われた権力を回復して政治家からの干渉を防いだ。こうして官僚機構に対し、カイザーの時代やワイマール時代のような軍の風下に立つことのない、かつてない高さの地位を与えた。

非民主的との批判に対しては、ドゴールとアデナウアーのいずれもが、民主主義社会はエリート指導層が存在しなければ解体すると答えた。そのとおりだった。

ワイマール時代のドイツでは、軍部は拒否権を握り続けたものの、第一次大戦の敗戦によって著しく信頼を損なっていた。それまで軍部の風下にあった官僚は、共和制そのものに対する態度で二分していた。ようやく台頭した経済人や専門職業人は、新参者にすぎなかった。このエリート指導層の欠落がワイマール共和国の崩壊を招いた。

同じころ、イタリアでもエリート指導層の欠落が、政治の麻痺と社会の混乱を招いた。

代わるべきもの

先進国社会に不可欠のこのエリート指導層は自らの権力に執着する。支配層とはそういうものである。しかし、それが可能となるのは、彼らに代わるべきものが存在しないかぎりにおいてである。ドゴールやアデナウアーのような者が現われて、新たな指導層を構築しないかぎり、旧来の指導層は、たとえ信頼を失い機能しなくなってもそのまま残る。

今日の日本には、この代わるべきものがない。将軍政治の後継としてかつてエリート指導層だった軍部には、指導層としての支持はない。たしかに、経済界はかつてない影響力をもつにいたった。だが、社会そのものの指導層として受け入れられたことはない。学者や自由業も無理である。いまのところ、いかに信頼を失墜させようとも適格者は官僚だけである。

アメリカが好もうが好むまいが関係ない。これが現実である。したがって、アメリカの対日政策は、規制緩和の成否にかかわらず、見通しうるかぎりの間、官僚が指導層であり続けるとの前提のもとに組み立てるほうが現実的である。

先送り戦略の成功

日本のエリート指導層は、アメリカの指導層まがいのものとは行動様式が異なる。アメリカで指導層の役を果たしているのは、まさにアメリカ的存在ともいうべき政治任命の行政官と議会スタッフである。これに対し、日本の指導層は官僚機構である。当然、それは官僚として行動する。

ドイツの偉大な社会学者マックス・ウェーバーは、一般的現象としての官僚の存在を明らかにし、その特質は経験を準則化して自らの行動基準とすることにあるとした。今日の日本の官僚の行動、特に危機的な状況をめぐっての行動は、三つの経験、うち二つは成功、一つは失敗の経験を基準としている。

最初の成功は、農村部の非生産的な人口という戦後日本の最大の問題を、何もしないことによって解決したことだった。今日の日本の農業人口は、アメリカとほぼ同じ二、三％である。ところが一九五〇年には、アメリカでは二〇％、日本では六〇％を占めていた。特に日本の農業の生産性はおそるべき低さだった。

日本の官僚は問題解決への圧力に最後まで抵抗し成功した。彼らといえども、非生産的な膨大な農業人口が経済成長にとって足枷であり、生産しないことにまで補助金を払うことは、ぎりぎりの生活をしている都市生活者に犠牲を強いることになることは認めていた。しかし、離農を促したり米作からの転換を強いるならば、深刻な社会的混乱を招きかねなかった。そこで何もしないことだけが賢明な道であるとし、事実、何もしなかった。

経済的には、日本の農業政策は失敗だった。今日、日本の農業は先進国のなかで最低水準にある。残った農民に膨大な補助金を注ぎ込みながら、かつてない割合で食料を輸入している。その輸入は先進国のなかで最大である。しかし、社会的には何もしないことが成功だった。日本はいかなる社会的混乱ももたらすことなく、いずれの先進国よりも多くの農業人口を都市に吸収した。

もう一つの成功は、これまた検討の末何もしなかったことによるものだった。彼らは小売業の問題にも取り組まなかった。六〇年代の初めにいたってなお、先進国のなかでもっとも非効率でコストの高い時代遅れの流通システムをかかえていた。それは一九世紀よりも、むしろ一八世紀のものに近かった。高いマージンでようやく食べていける家族経営の零細商店からなっていた。

経済界やエコノミストは、流通業の効率化なくして日本経済の近代化はないと主張した。しかし官僚は近代化を助けることを拒否した。それどころか、スーパーやディスカウントストアのような近代流通業の発展を妨げる規制を次々に設けた。流通システムは経済的にはお荷物であっても、社会的にはセーフティネットの役を果たしている、定年になったり辞めさせられても、親戚の店で働くことができるとした。当時の日本では、失業保険や年金は充実していなかった。

四〇年後の今日、流通業の問題は社会的にも経済的にもほぼ解消している。家族経営の商店はいまも残っているが、特に都市部では、そのほとんどが小売りチェーンのフランチャイズ店になっている。昔のような暗い店は姿を消した。一元管理の明るく、きれいな店になっている。世界でもっとも効率的な流通システムといってよい。しかもかなりの利益を上げている。

行動の失敗

官僚の行動を規定することになった第三の経験は、前述の二つとは異なり、失敗の経験だった。その失敗の経験も、先送り戦略の正しさを教えた。そもそも失敗したことが、先送りの知恵を忘れた結果だった。

日本は一九八〇年代において、他の国ならば不況とはみなされないような程度の景気と雇用の減速を経験した。そこへ変動相場制移行によるドルの下落が重なり、輸出依存産業がパニックに陥った。官僚は圧力に抗しきれず、欧米流の行動をとった。景気回復のために予算を投入した。しかし結果は惨憺たるものだった。先進国では最大規模の財政赤字を出した。株式市場は暴騰し株価収益率は五〇倍以上になった。都市部の地価はさらに上昇した。借り手不足の銀行は憑かれたように投機家に融資した。

もちろんバブルははじけた。こうして金融危機が始まった。銀行、保険会社、その他の金融機関が、株と土地の評価損と不良債権をかかえ込んだ。

その後の事態も、行動よりも先送りが正しいという官僚の確信を強めた。ごく最近の二年間においても、政治家、世論に加えワシントンからの圧力もあって、日本政府は他の先進国では見られない規模の資金を注入している。今日のところ、その効果は現われていない。

金融機関の傷

金融システムへの日本の官僚の取り組みは、アメリカの財務省、世銀、ＩＭＦの目には政治的な決断力の欠如としか映らない。これに対し、日本の官僚はむしろ先送りが賢明であると見ている。

バブル崩壊による金融機関の傷の大きさの程度はまだ明らかでない。国内での損失に加え、韓国、タイ、インドネシア、マレーシアなどアジアの経済危機によって被った損失がある。日本の銀行は、これらの地域で他の先進国の銀行を大きく引き離す最大の貸し手だった。

今日、日本が直面している金融危機は第二次大戦後世界最大規模のものである。一九九八年五月の「ビジネス・ウィーク」誌によれば、償却すべき不良債権は国内だけで一兆ドルに達する。これは一五年前のアメリカの貯蓄貸付組合の損失を上回る。日本経済はアメリカの半分である。償却すべき不良債権は、日本の金融サービス業全体の資産の一二％に相当する。

崩壊の危機にある社会契約

さらに深刻であって、かつ処理の困難な問題が、金融危機がもたらしつつある社会不安である。すでに日本の金融システムは大幅なダウンサイジングを経験しつつある。もともと日本は銀行過剰（オーバーバンク）だった。銀行数というよりも支店数と行員数が多すぎた。日本の銀行は取扱高比において、アメリカやヨーロッパの銀行よりも三倍から五倍の行員をかかえている。銀行は最大規模の雇用主となり、しかも最高水準の報酬を払っている。そのうえ、余剰でありながら高給である銀行員のほとんどが、専門知識の限られた再就職の難しい中年の人たちである。

日本の失業率は、四％超というこの四〇年で最高の水準に達した。アメリカやヨーロッパの失業率の算出基準では、七％から八％に相当する。日本の公式失業率が三％以下だったのは、わずか二年前のことである。

しかし、この失業問題よりもさらに深刻な問題が、日本という国の社会契約、特に終身雇用による雇用保障への影響である。もし銀行が大量の人員整理を行なうならば、この社会契約が崩壊する。

金融危機の社会的な側面がいかに深刻に受け止められているかは、わずかな職場を維持するために日本がどれだけのことまで行なうかに表われている。

証券当局は、一九九七年に業界四位の山一證券が自主廃業したとき、アメリカの証券会社メリルリンチに対し、主な支店店舗の買い取りの許可あるいは逆に買い取り要請という、かつては想像もできなかったことをした。メリルリンチが、山一の社員の六分の一を再雇用することを約束したためだった。

系列に代わるもの

今日の金融危機は、まさに日本経済と日本社会の構造への信頼を揺るがしている。系列という、銀行を中核とする日本特有の企業グループさえ解体に向かうかもしれない。

系列は欧米で理解されているような事業目的だけの存在ではなかった。取締役会が内部管理のための一委員会にすぎない日本では、系列がメンバー企業にとっての事実上の役員会だった。メンバー企業のトップが無能であれば、波風を立てずに辞めさせていた。トップ人事もチェックしていた。

そして何よりも系列は共済機関だった。株式持ち合いによって、系列としての意思決定権を確保していた。外部の脅威に対抗し、敵対的企業買収から身を守った。終身雇用制維持の最後の拠りどころともなっていた。人員整理が必要となれば、他のメンバー企業が整理された者を引き取った。こうしてリストラを行ないつつ、終身雇用の約束を守ることができた。

はたして系列は今回の金融危機を乗り越えることができるのか。すでに系列の核である銀行が損失処理のためにメンバー企業の株式を手放しはじめた。メンバー企業も決算対策のために持ち合い株式を手放しはじめた。

しかし、終身雇用制と雇用の確保の問題は別としても、そもそも経済の組織構造としての系列に代わるべきものはあるのだろうか。

答えは見当たらない。したがって、ここでも日本の官僚がとるべき唯一の合理的な道は、いかなる政策もとらないことかもしれない。もちろん問題の先送りが、銀行のかかえる問題をやがて処理可能な大きさに収めてくれるなどという考えは希望的観測にすぎない。

だが、ここではっきりいえることは、欧米、特に当面アメリカにできることは、この先送り戦略が再び成功してくれるのを期待することぐらいだということである。なぜならば、アメリカの政治、戦略、経済にとっては、日本の社会的な混乱のほうが、金融分野での急激な規制緩和によって得られる経済上の利益よりもはるかに大きな問題だからである。

大事なのは社会だ

日本の官僚がいかに考え、いかに働き、いかに行動するかを理解するうえでもっとも重要なことは、日本にとっての優先順位を知ることである。

アメリカでは、安全保障が脅かされているときを除いて、もっとも重要なものは経済であるとされる。しかし日本にとっては、もっとも重要なものは社会である。しかも、ここでも日本が一般的であって、アメリカが例外である。アメリカ以外の先進国では、政治にとって経済は唯一の関心事ではないし、もちろん最大の関心事でもない。経済は制約条件にすぎない。社会こそもっとも重要である。アメリカでさえ、経済が中心的な位置を占めるようになったのは第二次大戦以降のことにすぎない。それまではアメリカも社会を中心に置いていた。大恐慌のさなかにあって、ニューディール政策が目指したのは、景気回復よりも社会改革だった。だから国民も支持した。

社会優先の考え方は、おそらくフランスを除くならば、あらゆる先進国のうち日本がもっとも顕著である。外から見るならば、日本という国は社会的な絆と力の強さが際立つ。事実、日本は社会的混乱を避けつつ、他の国が経験したことのない難関を何度か切り抜けてきた。

一八六〇年代には、ペリーの黒船が一八〇度の方向転換を迫った。二世紀にわたって鎖国してきた世界でもっとも孤立した国が、一夜にして扉を開き、西欧化した。日本は、一九四五年の敗戦とその後の長い駐留軍支配の後でも、社会的転換に成功した。

ところが日本人自身は、自分たちの社会が脆弱であると思い込んでいる。彼らは明治維新や敗戦時に、社会の崩壊と内戦の瀬戸際までいったことを覚えている。社会的な絆としての終身雇用制の重要性も、ここに由来する。

しかし日本の社会が強固か脆弱かは別の問題である。重要なことは、日本が社会を最重視することを当然としていることにある。したがって、もしアメリカが、特に苦況にある日本との関係においてこのことを理解するならば、日本の官僚は無用であるとの観念に今日ほど固執する必要もないのではないかと思われる。

もちろん、官僚の擁護などは異説である。しかし異説というものは、通説よりも真実に近いことが少なくないのである。

（一九九八年）

第4章　NPOが都市コミュニティをもたらす

都市社会のゆくえ

これからは都市社会の文明化が、あらゆる国、特にアメリカ、イギリス、日本などの先進国にとって最重要課題となる。しかし政府や企業では、都市社会が必要とするコミュニティを生みだすことはできない。それは、政府でも企業でもない存在、すなわち非営利の組織NPOの役割となる。

第一次大戦直前の私の生まれたころ、都市には人口の五%、二〇人に一人しか住んでいなかった。都市は田舎社会に点在する島だった。イギリスやベルギーのようにすでに工業化し都市化した国でさえ、都市人口は半分もいなかった。

第二次大戦が終わったころ、アメリカでは四分の一が田舎に住み、日本では五分の三が田舎で農業にたずさわっていた。今日ではあらゆる先進国において、田舎の人口は五%を下回る。しかも、さらに減少を続けている。途上国でも、人口が増えているのは都市である。基本的に農業国である中国やインドでさえ、都市の人口が増加している。途上国では、仕事や住まいのあてがなくとも都市に出ようと躍起である。

この人口構造の変化は、人類が定着し牧畜と農業にたずさわるようになった一万年前以来のことである。しかも当時は、変化に数千年を要した。これに対しいま起こりつつある変化は、たかだか一世紀の間に起こっている。

今日のような都市への人口流入は、史上例がないだけではない。いずれの国でもうまくいっていない。この新しい人間環境としての都市社会の行方は、そこにおけるコミュニティの発展いかんにかかっている。

田舎社会の現実

田舎社会では、一人ひとりの人間にとってコミュニティは与件である。家族、宗教、階層、カーストのいずれにせよ、コミュニティは厳としてそこに存在する。しかも移動性はない。あったとしても下方に向けてだけである。

これまで田舎社会はいたずらに美化されてきた。欧米では牧歌的に描かれてきた。だが、田舎社会のコミュニティは強制的かつ束縛的だった。

この私の経験はそれほど昔のことではない。私は一九四〇年の終わり、つまり五〇年少々前までバーモント州の田舎町に住んでいた。当時アメリカでもっとも身近とされていた職業が、ベル電話会社の広告に出てくる田舎町の電話交換手だった。ベルは毎日のように、当社の交換手がコミュニティを結びつけ、お役に立ち、いつでもお手伝いしますと宣伝していた。

現実はちょっと違っていた。交換機はまだ手動だった。電話器を取りあげると交換手が出てきた。しかし一九四七年か四八年ころ、とうとう自動交換機が使われるようになったとき、町中が喜んだ。

たしかに、交換手はいつも待機していた。だが、子供が熱を出したのでウィルソン先生につないでくださいと言っても、「先生はいません。デート中です」「先生をわずらわせなくても大丈夫。それほど悪くはないんでしょう。朝までお待ちになっては」と言われることがまれでなかった。

かつてのコミュニティは、束縛的だっただけでなく侵害的だった。

都市社会への夢想

これが昔から田舎の人が都市へ出たがった本当の理由だった。すでに一一、一二世紀のドイツには、「都市は解放する」との言葉があった。都市に入ることを許された農民は、農奴から市民に変わることができた。こうして人々は、田舎社会を牧歌的に描きつつ、都市社会を牧歌的に夢想した。

しかし、都市社会の魅力は都市社会の無法につながっていた。都市社会は匿名の社会だった。コミュニティが欠落していた。

都市社会は文化の中心だった。芸術家や学者が活躍するところだった。コミュニティが欠落していたからこそ上方への移動が可能だった。しかし、知的職業、芸術家、学者、さらには豊かな商人、ギルドの熟練職人からなる薄い層の下には退廃があった。無法、強盗、売春があった。

都市社会は病気の巣でもあった。都市が人口を維持できるようになったのは、わずか一〇〇年前である。人口は田舎社会からの流入によって維持されていた。都市の平均寿命が田舎のそれに近づきはじめたのも、一九世紀に上下水道と公衆衛生が普及した後だった。

これらのことは、シーザーのローマ、ビザンチン帝国のコンスタンチノープル、メディチ家のフィレンツェ、デュマのベストセラー『三銃士』が描いたルイ一三世のパリ、ディケンズが描いたロンドンについていいえた。

都市社会には光り輝く高度の文化があった。しかし、それは臭気を覆う薄膜にすぎなかった。一八八〇年ころには、まともな女性は昼でさえ一人歩きができなかった。男性でさえ夜歩いては帰れなかった。

都市社会のコミュニティ

都市社会は田舎社会の強制と束縛から人を解放した。そこに魅力があった。しかしそれは、それ自体のコミュニティをもちえなかったために破滅的だった。

人はコミュニティを必要とする。建設的な目的をもつコミュニティが存在しないとき、破滅的で残酷なコミュニティが生まれる。ヴィクトリア朝のイングランドの都市がそうだった。今日のアメリカ、そして世界中の大都市がそうである。そこでは無法が幅をきかす。

人がコミュニティを必要とすることを最初に指摘したのが、フェルディナンド・テニエスの最高の古典『ゲマインシャフトとゲゼルシャフト（コミュニティと社会）』（一八八七年）だった。しかし、テニエスのいう有機的な存在としてのコミュニティは、いまはどこにもない。回復してもいない。

したがって、今日われわれに課された課題は、都市社会にかつて一度も存在したことのないコミュニティを創造することである。それはかつてのコミュニティとは異なり、自由で任意のものでなければならない。それでいながら、都市社会に住む一人ひとりの人間に対し、自己実現し、貢献し、意味ある存在となりうる機会を与えるものでなければならない。

第一次大戦以降、あるいは少なくとも第二次大戦の終結以降、民主国家、独裁国家いずれにおいても、都市社会の問題は政府が解決すべきであり、政府が解決できるものと信じられた。今日では、これがまったくの幻想だったことが明らかになっている。この五〇年間に実施された社会的プログラムのほとんどが失敗した。それらのプログラムは、かつてのコミュニティの消失によって生じた空白を埋めることはできなかった。

都市社会のニーズは厳存するままである。解決のための資金はある。大量に資金のある国もある。しかし今日のところ、成果はいずこにおいても、あまりに貧弱である。

職場コミュニティの限界

しかし、企業という名の民間セクターが、それらのニーズに応えられないことも明らかである。私自身は、かつて一度だけ、それが実現されうるし、実現されるであろうと考えたことがあった。五〇年以上も前になるが、私は『産業人の未来』（一九四二年）において、職場コミュニティと名づけたもの、すなわち当時出現したばかりの大企業という社会環境に期待した。それはある一つの国でだけ機能した。それが日本だった。

しかしその日本でさえ、今日では企業が答えとはならないことが明らかになっている。第一に、いかなる企業といえども、一人ひとりの人間に真の安定を与えることはできないからである。日本の終身雇用制さえ危険な幻想として終わろうとしている。しかも終身雇用制にせよ、そこにもたらされる自治的な職場コミュニティにせよ、知識社会の現実にはとうてい通用しない。

知識社会においては、企業は生計の資を得る場所ではあっても、生活と人生を築く場所ではありえないからである。それは、人に対して物質的な成功と仕事上の自己実現を与えるし、またそうでなければならない。しかし、そこだけでは、テニエスが一一〇年前に言ったコミュニティを手にすることはできない。それは、あくまでも機能を基盤とする一つの社会であるにすぎない。

NPOが答え

ここにおいて、社会セクター、すなわち非政府であり非営利でもあるNPOだけが、今日必要とされている市民にとってのコミュニティ、特に先進社会の中核となりつつある高度の教育を受けた知識労働者にとってのコミュニティを創造することができる。

なぜならば、誰もが自由に選べるコミュニティが必要となるなかで、NPOだけが、教会から専門分野別の集団、ホームレス支援から健康クラブにいたる多様なコミュニティを提供できるからである。しかもNPOだけが、もう一つの都市社会のニーズ、すなわち市民性の回復を実現しうる唯一の機関だからである。NPOだけが一人ひとりの人間に対し、ボランティアとして自らを律し、かつ世の中を変えていく場を与えるからである。

二〇世紀において、われわれは政府と企業の爆発的な成長を経験した。だが二一世紀において、われわれは、新たな人間環境としての都市社会にコミュニティをもたらすべきNPOの、同じように爆発的な成長を必要としている。

（一九九八年）

訳者あとがき

本書は、再びあらゆる主要言語によって世界中で出版を予定されているピーター・F・ドラッカーの最近著の日本版である。米英版のタイトルは *Managing in the Next Society* になる予定である。

これまでわれわれは、経済を独立した世界として扱い、かつそれを社会の中心に据えることによって、人間の幸せと社会の発展は実現されるとの仮説に縛られてきた。しかも、人間の多くの属性から主として経済的側面を取りあげ、人間を経済的存在、エコノミック・マン、エコノミック・アニマルと規定してきた。

しかしいまや、経済が社会を規定するとの思想どころか、経済が経済を規定するとの理論からさえ脱却しなければならない。間もなくやってくるネクスト・ソサエティ（異質の次の社会）においては、経済が社会を変えるのではなく、社会が経済を変えるからである。

一九六五年ころ、断絶とともに始まった今度の転換期も、いよいよクライマックスを迎えた。本書は、現在到来中のネクスト・ソサエティの様相を描くことによって、明日のために今日動くべきことを説く。

ドラッカー九二歳にしてさらに活躍中である。月に何度かやりとりをしているが、毎週、世界中の大企業、ベンチャー企業、政府、ＮＰＯのトップが訪れ、それぞれの夢やプラン、かかえる問題について相談している。それら現場の最先端の人たちとの交流が、ドラッカーの生きた情報源である。逆に言えば、ドラッカーがネクスト・ソサエティを論じたということは、世界中の最先端にある人たちが、すでにネクスト・ソサエティの到来を予感し、予見し、準備しているということでもある。

これまでもドラッカーは、今日の転換期、バブルの発生と崩壊、少子高齢化の到来、イノベーションと起業家精神の復活、そしてそれらの意味、講ずべき対策、もつべき思考態度について、間に合うだけの時間的余裕のもとに教えてくれた。今度もまた、ネクスト・ソサエティに備える時間は十分ある。今度こそ、読者各位にとって、それぞれの専門分野、仕事、組織、そして生き方にとって、本書の説くものが何を意味するか、何を要求するかに思いをめぐらしつつお読みいただき、明日ではなく今日の行動に結びつけていっていただければありがたい。それがドラッカーからのメッセージである。

翻訳の機会をいただいたドラッカー教授、ダイヤモンド社の御立英史さん、中嶋秀喜さんに心よりお礼を申し上げたい。

二〇〇二年四月

上田　惇生

著者紹介

P.F.ドラッカー (Peter F. Drucker)

ビジネス界にもっとも影響力をもつ思想家として知られる。東西冷戦の終結、転換期の到来、社会の高齢化をいちはやく知らせるとともに、「分権化」「目標管理」「経営戦略」「民営化」「顧客第一」「情報化」「知識労働者」「ABC会計」「ベンチマーキング」「コア・コンピタンス」など、おもなマネジメントの理念を生み発展させてきた。
1909年、ウィーンに生まれる。フランクフルト大学卒。現在、米国クレアモント大学院大学教授。主な著書に、『現代の経営』『経営者の条件』『断絶の時代』『マネジメント』『イノベーションと起業家精神』『ポスト資本主義社会』『明日を支配するもの』など多数ある。2000年刊行の「はじめて読むドラッカー」三部作、『プロフェッショナルの条件』『チェンジ・リーダーの条件』『イノベーターの条件』が世界中で大反響を呼ぶ。

訳者紹介

上田　惇生 (うえだ・あつお)

1961年サウスジョージア大学経営学科、64年慶応義塾大学経済学部卒業後、経団連事務局入局。同国際経済部次長、広報部長、(財) 経済広報センター常務理事を経て、現在、ものつくり大学教授 (マネジメント、社会論)、学校法人国際技能工芸機構評議員。「はじめて読むドラッカー」三部作の編集・翻訳ほかドラッカー著作のほとんどを翻訳。ドラッカー思想について執筆、講演。渋沢栄一賞選考委員。ドラッカー自身からもっとも親しい友人、日本での分身といわれる。

ネクスト・ソサエティ
——歴史が見たことのない未来がはじまる——

2002年5月23日　第1刷発行
2002年6月7日　第2刷発行

著者／P．F．ドラッカー
訳者／上田惇生

装丁／重原 隆
製作・進行／ダイヤモンド・グラフィック社
印刷／慶昌堂印刷
製本／石毛製本所

発行所／ダイヤモンド社
〒150-8409　東京都渋谷区神宮前6-12-17
http://www.diamond.co.jp/
電話／03·5778·7233(編集)　0120·700·168(受注センター)

ISBN 4-478-19045-3